가심비
진로찾기

자녀의 진로선택 주도권 세워주기

가심비 진로찾기

이신형
지음

자녀 인생을 스스로 결정할 수 있도록 함께하기

뚜르페

| 자기가 | 스스로 해보는 | 계속해 보는 | 진로찾기를 |
| 주도하는 진로 | 진로구체화 | 진로구체화 | 위한 배려 |

추천사

진로, 적성, 직업 흥미에 대한 무진장한 도서들이 있지만 어려운 이론이나 외형적 가치에 무게중심을 두어 실제 진로를 고민하는 이들에게 추천하기에는 아쉬운 부분이 있었다. 이신형 박사는 진로에 대한 한국교육의 오랜 전통의 틀을 벗어나 새로운 시각으로 진로를 설파하되, 아주 쉬운 글과 명쾌한 필력으로 풀어내어 착해야 하고 순응해야만 하는 삶에서 새로운 경로를 찾고자 하는 이에게 시원한 생수와 내비게이션의 역할을 해줄 것으로 확신한다.

영남신학대학교 상담심리학과 교수　　　　　　　**김규식 교수**

우리 자녀들의 가장 큰 관심사이자 고민의 주제는 바로 '진로'입니다. 부모는 자녀의 진로탐색과 선택에 있어 중요한 역할을 감당해야 하지만, 주도권은 자녀에게 있음을 꼭 기억해야 합니다. 부모는 자녀에게 진로에 관한 정보들을 제공하고 옆에서 도와주는 '페이스메이커'가 되어야 합니다. 이신형 교수님은 수년간 대학생들을 대상으로 진로상담과 코칭을 해온 실전 전문가이면서 이 분야를 연구하는 학자입니다. 이 책에서 저자는 진로구체화의 이론과 실제를 정리해서 알려주고 있고, 부모가 자녀와 함께 어렵지 않게 실천해 볼 수 있는 진로상담과 코칭의 구체적인 방법을 소개하고 있습니다. 이 책을 부모님들뿐만 아니라, 진로상담과 코칭에 관심 있는 모든 분들에게 추천하고 싶습니다.

장로회신학대학교 기독교교육과 교수
기독교교육리더십연구소 소장
대한민국교육봉사단 대표

김성중 교수

이 책은 진로에 대한 가치전향을 우리에게 요구한다. 외향적 가치에 무게를 두고 결정하는 방법을 알려주는 안내서가 아니다. 상담학 교수의 시선을 통해 관계와 정서교류를 강조하는 안내서이며 자녀들이 주도권을 가지고 결정할 수 있는 내면을 강조하고 있다.

강남GEM아동가족상담센터 소장
연세의료원 완화의료센터 놀이치료 수퍼바이저

류경숙 소장

시작하는 글

내가 진로상담(코칭)을 배워야겠다고 생각했던 일이 있었다. 그 일이 지금 상담과 관련한 일을 하게 만든 시작점이 아닐까 싶다.

대학을 휴학하고, 군 생활의 마무리 시기인 군 제대를 앞둔 남학생과 서로 이야기를 나눌 기회가 있었다. 요즘도 대학생들은 취업과 결혼 등 많은 문제에 고민이 많은 세대이다. 진로상담(코칭)을 배워야겠다는 고민을 처음 했던 2010년대 초반, 그 당시 대학생들도 요즘을 살아가는 대학생들과 비슷한 상황이었다. 그런 고민을 하던 즈음 만났던 대학생과의 대화는 이렇게 시작됐다.

"제대하면 뭐 해? 복학?"

"아니요. 휴학하려고요."

"왜? 무슨 계획이라도 있어?"

"아니요. 그냥 휴학하고 돈이라도 좀 벌어보려고요."

이 말에 나는 뭔가 이야기를 해주고 싶었다. 하지만 머리에서만 맴돌 뿐, 어떤 말도 해주지 못하는 내 모습이 내가 봐도 참 답답했다. 그 경험이 아마도 당시 나에게 적지 않은 충격이었던 것 같다. 내가 생각하던 말을 왜 못 해줬을까를 곰곰이 생각해 보니, 결국은 나도 별로 자신이 없었던 것이었나 싶다. 그때를 조금 더 떠올려 지금 생각해 보니, 나도 사실은 아는 게 별로 없었던 것 같다.

이후, 내가 이런 진로에 대한 이야기를 해줄 수 있는 전문가가 되면 도움을 줄 수 있지 않을까라는 생각을 하게 되었다. 진로를 도와줄 수 있는 사람은 무슨 공부를 해야 하나…. 한참을 찾다 보니, 학부와 신학대학원에서 공부한 내 배경에서 눈에 들어오는 분야가 상담학이었다. 그리고 한동안 교육학과에 있는 교육상담을 공부하는 게 좋겠다고 생각해 수많은 교육상담 전공 대학원들을 지원했다. 하지만 공교롭게도 모든 교육상담 전공에서는 줄줄이 낙방하고, 결국 돌고 돌아 다시 신학전공의 기독(목회)상담을 공부하게 되었다.

석사과정을 입학하고, 정신없이 공부했다. 우연한 기회에 일도 병행하면서 공부도 하게 되었다. 그렇게 이어진 박사과정까지의 대학원 생활은 정말 눈코 뜰 새 없는 시간이었다. 모든 학위과정을 마치는 시점에 나는 다시 생각했다. 왜 나는 다시 신학에서도 상담을 공부했을까? 결국 내 평소의 소신대로 하나님이 정해놓은 운명이었다는 생각이 들었다. 사실 대학원에 재학하면서 늦은 나이에 처음으로 사회생활을 경험했다. 그냥 일반적인 학생들처럼 학교만 착실히 다녔으면, 교회에서 목회를 배운다는 명목으로 교회 안에만 있었으면 모르고 살았을 세상을 참 많이 경험했다. 이렇게 세상도 나름 경험해 보고, 공부도 하니 이제 진로에 대한 이야기를 해주는 내 관점과 생각이 변화되어 있다는 것도 발견할 수 있었다.

대학원에 처음 입학했을 때, 진로상담에 대한 내용으로 꼭 학위논문을 써보고 싶다는 생각을 하고, 석사과정부터 연구를 시작했다. 하버드 의대 교수였던 조지 E. 베일런트(George E. Vaillant)가 썼던 《행복의 조건》이라는 책은 그런 내 생각을 실제로 실현해 볼 수 있는 종단연구라는 큰 틀을 제공했다. 물론 조지 베일런트 교수처럼 큰 족적을 남길만한 연구를 할 수 있는 것은 아니었지만, 대학생들이 입학하고 졸업하는 4년 동안 진로에 대한 이야기를 같이 나누면서 상담해 주는 연구를 해보고 싶다는 생각에 내가 재학하던 학교의 부설 상담·코칭지원센터에서 허락을 받아 연구를 진행했다.

'누가 이런 연구에 과연 참여할까?'라는 생각에 우선 학교 내 게시판에 공고를 올리고 연구참여자들을 모집했다. 막상 연구참여자를 모집한다는 공고를 올리고 모집결과의 뚜껑을 열어보니, 그 결과는 석사과정에 재학 중이던 내가 보기에 정말 놀랄 만큼의 연구참여 지원자가 모였다. 혼자 모두 감당할 수 없어 비슷한 관심사를 가졌던 석사과정 대학원 동기 선생님과 함께 연구를 진행하기로 했다. 연구참여 지원자를 한 명씩 모두 불러 프로그램 시작 전, 사전면담을 진행하며, 프로그램이 진행되면서 있을 수 있는 일, 프로그램 중간 포기할 수 있는 사항에 대한 부분 등 몇 가지를 설명했다. 그러면서 상담(코칭)받고 싶은 주제를 간략하게 물어봤다.

이 과정에서 나는 아주 놀라운 사실을 발견할 수 있었다. 학생들이 이야기한 상담(코칭)받고 싶은 주제는 단순히 진로에 대한 부분만이 아니라는 점이다. 진로만큼이나 관계형성에 있어서 어려움을 가지고 있는 학생들이 많았던 것이다.

'아, 결국 관계부터가 시작이구나….'

진로에 대한 접근이 단순히 어느 직업을 갖고, 어떤 직장을 가느냐의 문제가 아니라는 점이다. 관계를 맺고, 정서를 교류하는 마음을 주고받는 과정부터가 진로상담(코칭)의 시작이었던 것이다.

일선 학교들에서의 진로는 적성, 학과, 직업 등 대부분 행위나 외형적 가치에 무게를 둔 접근을 하고 있다. 그러다 보니 한국교육의 오랜 전통 속에서 초중등학교는 상급학교 진학에 목표를 두게 되고, 대학은 취업률에 목을 매는 사회현상이 지속적으로 반복되는 것이다. 우리가 종종 언론이나 우리 주변에서 접하는 이야기 중에 이런 이야기가 있다.

"멀쩡하게 잘 다니던 직장 때려치우고, 갑자기 이상한 걸 한다더라고?!"

이런 일이 일어나는 가장 큰 원인이 바로 한국교육의 오랜 전통에서 비롯된 것은 아닐까 생각한다. 멀쩡한 직장 잘 다니다가 그만두는 사람은 그나마 내면에 자기가 원하는 것을 발견하고 해내려는 힘이라도 있는 사람이다. 사실 대부분은 그냥 순응하며 살아간다. 용기를 낼 겨를도 못 느끼면서 살기 때문이다. 대부분 순응하며 살아간 그 여정은 외형적 가치에 무게를 둔 분위기 속에서 충실히 살아온 착한 학생과 어른들이 걸어간 그런 길이다.

자율적이고, 후회 없는 진로의 여정을 찾아가는 방법은 무엇일까?

이제부터 진로상담이나 진로코칭이라는 이름을 가진 교과서에서 나오는 이야기가 아니라, 내가 직접 만나보고, 이야기를 나눠본 진로를 찾아가는 이들의 삶에서 공유한 생각들을 중심으로 이야기를 시작해 보려고 한다.

목차

추천사

시작하는 글

PART 1 자기가 주도하는 진로

19   스스로 결정하는 힘을 키우기
30   성향에 맞는 도움

PART 2 스스로 해보는 진로구체화

46   요목-구체화 훈련 1단계: 목록 만들기
54   요목-구체화 훈련 2단계: 우선순위 정하기
62   요목-구체화 훈련 3단계: 구체화하기

PART 3 계속해 보는 진로구체화

- 77 　반복하기
- 87 　동기부여 하기
- 97 　마음 챙기기

PART 4 진로찾기를 위한 배려

- 111 　원형 존중하기
- 120 　여러 우물 파기
- 130 　자녀라는 배를 떠나보내기

PART 5 성격유형 검사를 통한 자녀의 진로 함께 고민하기

- 142 　MBTI 성격유형에 대한 소개
- 152 　MBTI 성격유형별 진로상담과 코칭으로의 적용
- 174 　행복이라는 공동목표

마무리　**함께 호흡하고, 달려가는 페이스 메이커** *Pace Maker*

미주

PART

자기가 주도하는 진로

스스로 결정하는
힘을 키우기

───── 누구를 탓할 수 없는 상황이지만, 한국에서 흔히 언급되는 '요즘 세대'는 자기결정권이 덜 발달한 세대라 할 수 있다. 여기서의 자기결정권은 학술적 정의가 내려진 용어라기보다는 자신의 의사결정에 있어 독립적이지 못한 이 시대 자녀들의 모습을 전반적으로 설명한 것이다.

한국 최고의 학원가는 서울특별시 강남구에 위치한 대치동이고, 다음은 경기도 안양시에 위치한 평촌, 대구광역시의 수성구 등을 꼽는다. 나는 공교롭게도 이런 학원가 주변에 있는 교회에서 사역할 기회들이 있었다. 최근 이 지역들을 지나가면서 다시 확인했지만, 이런 유명 학원가들은 크게 달라지지 않은 독특한 문화를 가지고 있다. 학원 강의가 시작되거나 끝나는 오전 9시, 오후 1시, 오후 5시, 저녁 9시 등의 시간이 되면, 이 학원가 인근 도로의 한 차선은 주정차되어 있는 차량들로 인산인해를 이룬다. 이 자동차들이 그곳에 늘어선 이유는 무엇일까? 학원을 마치는 자녀들을 데리러 오는 학부모의 자동차들이 모여들기 때문이다.

이런 학부모들의 모습을 우리 언론에서는 '헬리콥터 맘', '돼지 엄마' 등의 이름으로 표현하기도 했다. 자녀들을 명문대학에 입학시키기 위해 엄마들만의 커리큘럼에 따라 학원을 알아보고, 등록시키고, 뒷바라지하는 그런 모습이다. 이런 모습이 이제는 많이 대중화되었는지, 심지어 〈SKY 캐슬〉, 〈펜트하우스〉 등 드라마의 중요한 소재가 되는 상황이 되었다. 여기에서 우리가 조금 더 중요하고, 심각하게 바라봐야 하는 부분은 이런 상황이 단순히 초·중·고등학교를 다니는 자녀들을 대상으로만 이뤄지고 있는 것이 아니라는 것이다.

나는 길지 않은 시간이지만, 의과대학 교목실에 교직원으로 근무했었다. 드라마 〈슬기로운 의사생활〉이나 〈언젠가는 슬기로울 전공의생활〉에 나오는 그런 의사 선생님들을 가르치는 바로 그 의과대학이다. 교목실에서 주된 업무도 있었지만, 가끔 가까운 의과대학 교수님들과 교류할 시간이 종종 있었다. 의과대학 교수님들께서는 많게는 20년 이상 재직하신 경험 속에서 의대생들의 변화를 이야기해 주실 때가 있었다. 사실 이런 일들은 이제 많은 대학의 여러 상황에서도 종종 들을 수 있는 일화이기도 했고, 나 또한 실제로 비슷한 경험을 해보기도 했다. 대화의 내용을 바탕으로 교수님들이 해주셨던 내용을 다시 떠올려 보면 이런 내용들이다.

"요즘 학생들은… 부모가 대신 연락해요. 그러고는 우리 애가 무슨 문제가 있었길래 학점이 그러냐…. 뭘 잘못했길래 유급이 된 거냐…. 이런 걸 학생이 아니라, 부모가 대신 따진다니까…."

"아마 자기들이 해결 못 하겠으면… 부모한테 전화하겠지…. 부모더러 해결해 달라고…."

'헬리콥터 맘', '돼지엄마'의 대학생 버전이다. 최근엔 직장생활을 하는 자녀들의 개인신변에 대한 것도 부모님들이 대신 말해준다는 믿지 못할 이야기도 접했으니, 이제는 '헬리콥터 맘', '돼지엄마'의 직장인 버전까지 출시된 셈인 것이다. 이런 우리 자녀들의 독립성과 관련된 문제는 진로결정에 있어 상당히 중요한 부분 중의 하나이다. '헬리콥터 맘', '돼지엄마'와 같은 이런 모습을 상담학 이론으로 보면 존 볼비(John Bowlby)의 애착(Attachment)이나 마가렛 S. 말러(Margaret S. Mahler)의 분리개별화(Separation-Individuation)와 같은 이론들로 바라볼 수 있겠지만, 굳이 이런 어려운 학문적 이론을 빌릴 필요조차 없을 것으로 보인다.

진로결정에 있어서 건강한 부모는 자녀에게 스스로 결정할 수 있는 부분을 가르치고, 시도해 볼 수 있는 기회를 연습시켜 주어야 한다. 여기에서의 독립성이란 바로 스스로 결정할 수 있는 부분을 말하는 것이다. '헬리콥터 맘', '돼지엄마'들도 여기에 언급한 독립성에 대해 반박할 수도 있겠다.

"우리가 알아봐 준 학원들, 가겠냐고 물어봤고 본인이 가겠다고 해서 보낸 거예요."

이런 부분이 독립성이라고 한다면 독립성이라고 할 수도 있다. 하지만 진정 자녀들이 그 학원조차도 본인들이 얼마나 알아볼 수 있었을까? 아무리 디지털 세대라고 해도, 자녀들이 스마트폰으로 학원을 알아보지는 않았을 것이다. 자녀들의 나이에 관심사는 학원과는 전혀 다른 곳에 있었을 것이기 때문이다. 독립성의 결여는 현실감의 결여로 연결될 가능성이 높다. 이 이야기를 조금 더 쉽게 다시 하면, 세상 물정을 몰라도 너무 모른다는 것이다.

한 대학생이 상담을 받겠다며, 상담센터를 찾아왔다. 이런저런 내용을 상담사와 이야기하다가 상담사가 이런 질문을 했다.

상담사 어떻게 살면 제일 편할 것 같아요?
내담자 저 혼자 살면 편할 것 같아요.
상담사 그럼, 부모님한테 독립해서 혼자 살고 싶다는 거예요?
내담자 네.
상담사 독립해서 어떻게 살고 싶은데요?
내담자 작은 오피스텔 같은 데서 혼자 살고 싶어요.
상담사 음… 그럼, 만약 지금 당장 독립한다면 어떻게 해야 할 것 같아요?
내담자 모르겠어요.
상담사 독립하면 생활비도 필요할 테고… 당장 집세도 내야 할 텐데…. 그런 건 어떻게 충당할 수 있을까요?
내담자 음… 그런 생각은 안 해봤는데…. 뭐, 과외 같은 거 하면 되지 않을까요?

일반적인 어른이면 아마 이런 대화에서 속 터진다는 반응을 보였을지 모르겠다. 하지만 상담사는 진심으로 상담을 받으러 온 내담자의 독립을 함께 생각해 봐야 한다는 마음에 조금 더 실제적으로 질문을 던지며, 이야기를 나눠봤다.

상담사 요즘 보통 한 달에 생활비는 어느 정도나 돼요?
상담사 그럼 생활비, 집세, 교통비 등등…. 참! 가끔 옷도 사 입어야 한다고 했죠? 그런 것들을 다 합치면 한 달 기준으로 얼마나 필요할 것 같아요?

물론 과장된 부분도 있겠지만, 실제로 이런 정도까지의 생각을 가진 대학생들이 충분히 있을 가능성이 있다. 나 또한 상담현장에서 이런 내담자들을 만나본 적이 있었다. 하지만 이런 내담자들이 문제라는 생각을 해본 적은 없다. 다 인생의 선배인 나를 비롯한 부모들이 만들어 버린 의존적 환경에서 성장시킨 것에 대한 민망함만 느껴질 뿐이었다.

어린 자녀들에게 스스로 결정하는 힘을 키우는 연습을 시켜 줄 필요가 있다. 여러 가지 방법이 있겠지만, 몇 가지 실천적 방법들을 제안해 보고자 한다. 물론 각 가정의 문화와 상황에 맞지 않을 수도 있지만, 그런 부분들을 각 가정에 맞게 변형하여 적용한다면 자녀들에게 좋은 독립성 증진의 연습이 가능할 것으로 생각된다.

가족행사에 의견 묻기

각 가정마다 가족행사들이 있다. 가족여행, 가족외식, 이사(주거지 이전) 등에서 물론 큰 결정은 부모의 선에서 결정되는 일들이지만, 최소한 자녀들에게 의사를 묻거나 부분적인 의견을 반영해 주자는 것이다. 예를 들어, 가족여행 결정의 과정이다.

아빠   이번 여름에 우리 가족여행을 한번 가면 좋겠는데… 어디로 가면 좋을까?

강건   음… 우리도 해외로 배낭여행 한번 가요!

온유   난, 기차여행이요!

아빠   엄마는?

엄마   난, 맛집 지도를 만들어 가봤으면 좋겠는데?!

아빠   하하하! 배낭여행은 이렇게 갑자기 가기는 어렵고, 강건이가 내년 여름에 가는 걸 목표로 엄마랑 한번 계획해 보면 어때? 배낭여행을 위해 가족이 함께 적금도 들고 하는 것도 같이!

강건   오! 그럼 진짜 갈 수 있는 거죠?

아빠   그럼, 엄마랑 잘 의논해서 계획해 보고 한 달 후에 한번 가족들한테 설명해 주렴.

강건	와우! 네!
아빠	그럼, 이번 여름 가족여행은 엄마와 온유의 뜻을 모아서 기차를 타고, 한 도시의 맛집을 돌아보는 걸로 하면 어떨까 하는데…! 어때요?
엄마	좋아요!
온유	저도 좋아요!
강건	뭐, 다음에 배낭여행 가니까 저도 나쁘진 않아요!

이 과정은 자녀들이 이야기한 의견들이 반영되어 자연스럽게 대화가 이어진 예이다. 물론 가족의 모든 대화가 이렇게 자연스러울 수는 없다. 자녀의 이야기가 너무 비현실적이라는 것을 지적하기보다는 실현 가능할 수도 있다는 점을 실제적으로 제안하는 형태로 대화가 이어졌다는 점이 중요한 부분이다.

집안일에 참여시키기

자녀들을 집안일에 참여시키는 방법도 독립성을 연습시키는 좋은 방법으로 보인다. 가정 내에서 본인도 가족구성원으로서 한 부분을 담당하고 있으며, 주어진 역할을 해낼 수 있다는 성취감도 맛보게 해줄 수 있다는 점에서 집안일 일부를 담당으로 맡기는 일은 좋은 경험이라 볼 수 있다.

엄마	오늘부터는 강건이랑 온유가 분리수거에 한 부분씩 맡아서 해줬으면 좋겠어. 어려운 일은 아니고, 강건이는 투명 플라스틱이 이 바구니에 가득 차면 분리수거하는 곳에 비워주고 오면 좋겠고, 온유는 캔이랑 비닐류가 차면 분리수거하는 곳에 비워주면 좋을 것 같은데? 할 수 있지?
온유	네!
강건	그런데 그걸 왜 내가 해야 해요?
엄마	음… 이제 강건이도 우리 집 식구니 같이 지낼 때 무언가 함께 해주면 좋지 않을까? 강건이 덕분에 다른 식구들도 편하고, 사실 강건이가 버리는 다른 쓰레기도 다른 식구들이 함께 치워주고 있는 거잖아?
강건	그래도 온유는 나보다 훨씬 가벼운 거잖아요!
엄마	온유는 아직 너보다 어린 동생이잖아. 온유도 조금 후에는 다른 것도 조금 더 시킬 거야.

물론 자녀들이 처음에는 "왜 내가 그걸 해야 하나?"라는 물음을 던질 수도 있다. 그럴 때, 책임감, 공동체 등의 관점을 설명해

준다는 생각으로 부모가 자녀들에게 설명하는 것은 아주 자연스러운 가정교육과 양육의 과정이 될 수 있다. 분리수거와 같은 부분은 환경교육과도 연결되는 부분이다. 그런 일들을 할 때, 자녀들의 행동과 결과는 상당히 미숙할 수 있다. 그런 미숙함과 부족함에도 자녀들이 직접 해보는 시도와 끝까지 마무리 지어보는 성취는 자녀들을 더욱 성장시키는 중요한 정서적 자원이 될 수 있다.

다시 부모의 품으로 돌아와 살아가는 이들을 캥거루족이라 한다. 만약 우리 자녀가 캥거루족이 되었다는 최악의 상황을 가정하고 볼 때, 뭐라도 해보려는 의지가 있는 캥거루족 자녀와 해보려는 것에 대한 의식조차 없는 캥거루족 자녀는 하늘과 땅 차이이다. 독립성과 성취감에 대한 부분은 바로 전자에 해당하는 캥거루족 자녀가 될 최소한의 가능성을 만들어 줄 기반이 될 수 있다. 독립성과 성취감의 부분은 우리 자녀가 캥거루족에서 다시 세상으로 뛰어갈 수 있는 중요한 자원이 될 것이다. 즉 무엇이라도 다시 해보려는 의지가 만들어지는 기반이 된다는 것이다.

부모는 자녀가 성장할수록 자녀에게 점점 중요도가 떨어지는 대상이 되어야 한다. 자녀들이 독립적으로 해나가는 힘을 가진

다면, 필요 없는 대상이 되어가는 과정은 너무나 자연스러운 과정이다. 이 자연스러움이 유지되는 그런 모습이 우리 모두에게 확인되길 바란다. 부모가 자녀의 인생에서 중요도가 떨어진다는 것은 그만큼 자녀가 홀로서기 할 준비가 되어 있고, 독립적인 존재로서 살아갈 힘이 생겼다는 것으로 볼 수 있다. 그리고 이런 부분은 부모로서 한동안은 허전함을 느낄 부분일 수 있지만, 기뻐하고 응원하며, 의연하고 당연하게 생각해야 할 부분이기도 하다.

성향에 맞는
도움

　　　　스스로 결정하고, 자신이 하는 일에 대한 성취감을 충분히 느껴보지 못한 채로 성인(대학생)이 될 때 나타나는 가장 보편적인 정서상태는 무기력이다. 무기력의 양상은 사람마다 조금씩 다르게 나타나기도 한다. 무기력이 행동양태로 나타나는 것을 설명하기에 좋은 구분은 요즘 다시 사람들 사이에 관심을 끌기 시작한 심리검사 MBTI에 관한 부분으로 조금 쉽게 설명할 수 있다.

　MBTI 검사에서 말하는 핵심적인 부분은 한 사람의 성격을 자로 선을 긋듯 구분을 지은 것이 아니라, 한 개인이 자신의 인생 속에서 어떤 것을 더 편안하게 느끼느냐를 설명하기 위한 기준을 제시하는 것으로 이해해야 한다는 점이다. MBTI 검사는 우리 사람의 성격유형을 총 16가지의 유형으로 분류하고 있다. 16가지 유형을 크게 2가지로 나누는 기준을 제시하고 있는데, 그중에 가장 먼저 구분하는 기준이 외향성(Extroversion)을 말하는 E, 내향성(Intraversion)을 말하는 I에 관한 부분이다. 그렇다면 무기력이 외향성, 내향성과 어떤 부분에서 연관이 있을까?

MBTI에서 외향성과 내향성은 자신에게서 나오는 '에너지의 방향'을 의미한다. 즉, 자신에게 있는 힘을 자신의 바깥으로 사용하는 데 익숙한가, 아니면 자신의 안으로 사용하는 데 익숙한가에 대한 것이다. 이런 관점에서 무기력을 경험한 두 명의 차이점을 사례를 통해 확인해 보고자 한다.

외향성을 가진 사람의 무기력

외향성을 가진 사람은 자신의 에너지를 자신의 밖으로 쓰는 데 익숙한 사람이다. 밖으로 쓰는 데 익숙하다는 것은 자신의 생각이나 감정을 밖으로 표현하여 다른 사람들이 금세 알아차릴 수 있도록 하는 것에 익숙하다는 점이다. 권위적인 아버지와 여대생 딸의 대화이다.

여대생은 한 학기 휴학을 하고, 작은 기업에 인턴생활을 했다. 이후 3학년 2학기로 학교에 복학을 했지만, 인턴생활에서 자신이 생각했던 진로의 현실이 자신의 생각과 맞지 않아 고민하고 있는 상황이었다. 그 상황에서 자신이 준비된 사람이기보다는 아직도 부족하다고 느끼고 있어서, 진로에 대해 다시 막연해진 시기였다.

아버지 　요즘 너 취업준비는 잘하고 있니?

대학생 　(다른 곳을 쳐다보며) 네.

아버지 　요즘 어떤 시대인데…. 어제도 친구들하고 뭐 하다가 그 시간에 들어온 거야?

대학생 　(마지못해) 스터디 모임하고 잠깐 커피 한잔하면서 이런 저런 얘기 좀 했어요.

아버지 　그럴 시간이면 차라리 좀 더 생산적인 걸 해야지!

대학생 　아! 쫌! 내가 한두 살 먹은 어린애도 아니고! 알아서 하게 좀 놔두세요!

아버지 　아니, 내가 뭐 나쁜 말 했니?

대학생 　제가 알아서 잘하고 있다니까요. 아빠 아니라도 충분히 스트레스받고 있어요!

아버지 　아니, 얘가 갑자기 왜 이러니? 갑자기….

이 대화에서의 여대생 딸은 자신이 대학에 입학하기까지 자신의 선택보다는 부모의 권유로 전공과 취업을 위한 준비를 해온 상태였다. 어린 시절부터 부모의 말을 잘 따르고, 외향적인 성격으로 친구관계도 원만한 삶을 살아오고 있었다. 그런 중에 우연히 해본 인턴생활에서 자신의 적성과 너무도 맞지 않은 현실을 경험하고 그동안의 준비과정에 상당히 무기력을 느끼고 있는 상태였다. 그런 상황에서 자신을 다그치듯 밀어붙이는 아버지의 말과 접근에 자신이 무기력한 상태임을 말과 행동으로 표현하는 상황이다.

내향성을 가진 사람의 무기력

내향성을 가진 사람은 자신의 에너지를 자신 내부로 쓰는 데 익숙한 사람이다. 내부로 쓰는 데 익숙하다는 것은 혼자 수많은 생각들을 하지만, 그 생각을 주변에 다른 사람들에게 많이 이야기하지 않을 수 있다는 것을 말한다. 또한 이야기하더라도 아주 절제하고 축소해서 이야기할 수 있다는 점을 이야기하는데, 내향성을 가진 사람은 이렇게 표현하는 것에 익숙하기 때문에 그리 행동하는 것이라 이해할 필요가 있다. 내향성을 가진 남자 대학생과 상담사의 상담장면이다.

남자 대학생은 대학생활에 적응하지 못하고 있다. 조용한 분위기의 가정환경에서 부족함 없이 성장한 편이었다. 이렇게 잘 성장하고 대학에 입학해서 재학하던 중, 어떤 한 학기에 대부분의 수업에 출석하지 못해 학사경고를 받았다. 다음 학기는 중간고사 기간 직전 부모도 모르게 스스로 휴학계를 제출하고 휴학을 신청해 버렸다. 이런 식의 대학생활이 반복되는 중에 상담센터를 찾게 되어 상담을 받는 상황이다.

대학생 음… 모르겠어요. 저는 진짜 (학교를) 잘 다니고 싶은데….

상담사 ○○ 씨가 말하기 어렵겠지만… 저도 그 마음이 느껴지네요.

대학생 그 시점이 있는 것 같아요. 고비 같은 거죠. 그 시기만 되면 진짜… 몸이 안 움직여진다고 해야 할까요? 미칠 것 같아요. 마음은 정말 그게 아닌데….

상담사 그 고비라는 게 보통 언제예요?

대학생 '아… 조금 있으면 시험이구나!'라고 생각하는 시점인 것 같아요.

상담사 시험이라는 걸 생각하면 지금 마음은 어때요?

대학생 아… 숨고 싶고… 도망가고 싶고 그런 것 같아요.

상담사 왜 숨고 싶고, 도망가고 싶은 마음이 들어요?

대학생 시험을 못 보면… 어떡하나 싶고…. 시험은 사실 성적하고 직결되는 거잖아요.

사실 이 대학생의 무기력은 좋은 성적을 받지 못하면 어떡하나에 대한 일종의 불안에서 시작된 것이었다. 고등학교 시절까지 줄곧 상당히 공부도 잘한다는 이야기를 많이 듣고 있었는데, 대학에 들어와 보니 자신이 노력한 것에 비해 성적이 도통 나오지 않았던 입학 첫 학기의 실패 경험에서 큰 무기력을 경험하게 된 것이다. 이 무기력의 경험에서 자신이 지금껏 우수한 성적을 받아오며 살았던 삶에 한 번의 실패가 인생에 큰 과오가 될 것이라는 불안이 강하게 덮쳐온 상황이었다. 내향적 성향을 가진 이 학생은 자신의 무기력을 감당할 수 없었고, 그래서 잦은 휴학을 반복해 오고 있었던 것이다.

이렇게 우리 자녀들에게는 외향성과 내향성을 고려한 도움이 필요하다. 물론 모든 사람들이 무기력에서 이런 반응을 보이는 것은 아닐 것이다. 하지만 외향성과 내향성의 부분이 조금만 고려된다면, 가족 안에서 충분히 순기능적인 도움을 줄 수 있는 환경이 만들어질 수 있다. 자녀들이 외향적이라거나 내향적이라고 단순화하기는 어렵다. 하지만 부모는 자녀가 가진 성향을 그나마 가장 잘 이해하고 조금 더 넓은 마음으로 받아줄 수 있는 존재이기 때문에 외향과 내향에 대한 선이해를 통해 자녀들의 든든한 지지자가 될 수 있을 것이다.

외향적 성향을 가진 자녀들은 부모의 개입이나 재촉보다는 시간을 가지고 자신이 생각과 현실의 차이를 좁혀나갈 수 있는 기다림의 배려가 필요할 수 있다. 자신의 삶에서 필요한 것이 있다면, 그것을 잘 표현하고, 주변에 도움을 구하는 관계에서의 어려움을 극복할 실천적 힘을 가지고 있기 때문이다. 반면 내향적 성향을 가진 자녀들은 부모의 소극적 개입이 도움이 될 수 있다. 다만 그 개입은 자녀들 본인이 스스로 원하는 도움에서 시작되어야 한다. 부모의 적극적 개입은 오히려 내향적 자녀들을 다시 움츠러들게 만드는 결과를 초래할 수도 있기 때문이다.

나는 개인적으로 성격(Personality)만큼이나 기질(Temperament)도 중요하게 생각한다. 학자들은 성격이 한 개인이 살아가는 삶 속에서 처하는 환경이나 만나는 사람들에 따라 적응하는 적응력을 가진다고 본다. 이와 다르게 기질은 타고난 부분이기 때문에 적응력보다는 유지하려는 경향성을 가지고 있다고 보고 있다. 이런 관점을 조금 연결시켜 시간적 흐름에 한 개인을 관찰한다고 본다면, 한 개인의 기질을 가장 잘 아는 사람은 오랜 시간 한 개인과 관계를 맺어 함께 생활하는 사람이 가장 잘 확인할 수 있는 부분이라는 점을 생각해 볼 수 있겠다.

  우리 인간에게 있어 한 개인과 가장 오랜 시간 관계를 맺고 생활하는 사람은 과연 누구일까? 아마도 부모와 자녀의 관계가 아닐까 생각된다. 부모와 자녀의 관계를 이야기하는 내용 중에 부모의 자식에 대한 사랑은 '내리사랑'이라는 것으로 이야기하곤 한다. 하지만 그렇게 알고 있다고 부모가 일방적으로 자녀에게 무조건 쏟아부어 주는 것은 바람직하지 않다고 생각한다. 자녀 또한 결국 한 명의 인격체, 즉 자신만의 생각과 감정을 가진 존재이기 때문이다. 여기에서 일반적으로 부모가 많이 하는 착각이 있다.

  '내 자식이니까 나랑 비슷하지!'

  '내 자식은 내가 제일 잘 알지!'

  물론 생물학적으로는 많은 부분 일치할 수도 있다. 하지만 정서적인 부분에서는 그렇지 않을 수도 있다는 점을 꼭 이야기하고 싶다. 같은 날, 같은 엄마에게서 태어난 쌍둥이도 서로 생김새와 성격이나 기질이 다르다는 점이 그 증거가 아닐까?

  부모의 양육 환경에 따라 부모의 방식에 적응하다 보니 부모가 익숙하다고 하는 것들에 자기들도 익숙하다고 하는 자녀들이 많다. 하지만 부모가 고려해야 하는 부분은 자녀들이 보여주는 이런 모습은 그냥 자녀들이 부모에게 익숙해진 것뿐이라는 점이다. 자녀들은 분명히 부모와 다른 인격체이다. 그래서 부모의 마음과 자녀의 마음은 다를 수밖에 없다. 그렇게 부모와 다른 자녀의 마음이 자녀가 그들만의 삶을 가치 있고 행복하게 만드는 중요한 열쇠가 되고, 기반이 될 수 있다는 점을 우리 어른들이 존중해 주었으면 한다.

PART 2

스스로 해보는 진로구체화

이전까지의 내용은 자녀들과 진로에 대한 이야기를 나누기 위한 사전 준비단계에 해당된다고 볼 수 있다. 진로에 대한 이야기를 나눌 수 있는 정서적 공감대가 형성된 이후에는 실제적인 진로설계에 대한 이야기를 함께 나눠볼 수 있다. 이전까지 정서적 공감대를 나누는 과정이 상담과 비슷한 형태의 관점을 가지고 있었다면, 진로설계에 대한 부분은 코칭과 비슷한 형태의 관점으로 접근할 수 있다.

상담과 코칭은 다소 차이가 있는 영역이다. 단순하게 두 영역의 차이를 설명하자면, 상담은 과거의 상황이나 경험을 기반으로 자신에 대해 알아가는 과정이라 할 수 있다. 반면 코칭은 앞으로의 계획이나 행동의 변화에 초점을 맞추고 나아가는 과정에 가깝다. 이런 간단한 설명을 접하면 아마도 '상담은 과거지향적이고, 코칭은 미래지향적이네! 그러면 난 코칭을 하는 게 좋겠네!'라고 쉽게 생각할지도 모른다. 하지만 중요한 것은 과거에 대한 부분에서 미해결된 문제는 미래에 영향을 미칠 가능성이 높다는 점에서 상담과 코칭은 순차적으로 진행되어야 하며, 때로는 동시에 병행될 수도 있다는 점을 충분히 고려해야 하겠다.

이번 부분에서 나눌 이야기는 내가 대학상담기관에서 여러 대학생들과 진로에 관한 상담과 코칭을 하면서 함께 해봤던 내용에 기반하고 있다. 상담자, 코치로서 대학생들과 이런 방식들로 진로에 대한 이야기를 나누며, 함께 작업한 과정을 '요목-구체화 훈련'이라고 이름 붙여보았다. 요목-구체화 훈련은 크게 3단계를 통해서 진행되며, 3단계에 해당하는 내용을 각 장마다 사례로 적용하여 설명하려고 한다.

대학상담기관에서 대학생들과 진로와 관련한 내용의 상담과 코칭을 진행하면서 느낀 점은 진로에 대한 내용은 한두 번의 일시적 만남으로 획기적인 진보가 이뤄지기는 어렵다는 점이었다. 짧게는 수개월에서 길게는 수년의 기간 동안 주기적인 만남의 과정에서 진로실행자인 자녀들이 성장하는 모습을 장기적으로 함께할 때 안정적인 진로설계와 구체화가 가능하다는 점이다. 한 사람이 세운 진로에 대한 계획을 잘 실행해 나가는 데에는 많은 부분에서 어려움이 따를 수 있다. 따라서 중간중간 만나서 자신의 계획이 수립된 대로 얼마나 잘 진행되고 있는지 확인할 필요가 있다. 또한 계획을 수행해 가는 과정에서 변화되거나 발전된 생각이 생겨날 수도 있다. 이렇게 변화된 내용은 단순히 변덕을 부린다는 이유로 무시될 것이 아니라, 이전 계획에 발전적 수정을 통해 적용될 수 있어야 한다.

요즘 건강을 챙기는 운동과 관련해서 PT(Personal Training)가 많은 인기를 끌고 있는 것을 볼 수 있다. 진로상담과 진로코칭은 바로 이런 PT의 개념으로 접근해야 하는 부분이다. 진로실행자인 자녀들이 자신의 계획을 잘 실행해 나갈 수 있는 내용들을 편안하게 이야기하고, 위로받고, 격려받는 과정이 필요하다. '요목-구체화 훈련'은 이런 진로상담과 진로코칭 PT의 한 가지 방법으로 적용될 수 있을 것이다.

요목-구체화 훈련 1단계:
목록 만들기

'버킷리스트'는 2007년 모건 프리먼(Morgan Freeman)과 잭 니콜슨(Jack Nicholson)이 주연을 맡았던 영화 〈버킷리스트(The Bucket List)〉를 통해서 대중적으로 알려졌다. 살면서 평생 한 번쯤은 해보고 싶었던 일이나, 죽기 전에 해보고 싶은 일들을 적은 목록을 말한다. 뜬금없이 진로 이야기를 하는데 왜 버킷리스트를 말하냐고 생각할 수도 있다. 하지만 진로에서 버킷리스트를 만들어 보는 것은 매우 중요한 작업이 될 수 있다.

한 개인이 성장하며 보이는 가장 큰 특징 중 하나는 꿈(장래희망)이 상당히 현실화되어 간다는 것이다. 내 딸만 해도 그 추이가 상당히 급격히 현실화되었다. 초등학교 입학 전, 아이는 꿈이 많앉다. 만화영화 〈겨울왕국〉 속 주인공인 엘사를 좋아하며, 자기는 엘사가 되겠다는 꿈을 말하다가 가장 비슷한 발레리나가 되겠다는 꿈을 이야기했다. 그리고 얼마 지나서 자기는 의사 선생님이 되겠다며, 여자도 의사가 될 수 있냐고 의과대학 교목실에서 일하던 때에 나에게 물었던 기억이 있다. 그러던 아이가 조금 지나 초등학교에 가더니 자기는 초등학교 1학년 선생님이 되고 싶다며 수업 시간에 그렇게 발표했다고 자랑을 했던 일이 있다.

사실 요즘 청소년이나 대학생들에게 앞선 딸과의 이야기와 같은 정도로 구체화된 자신의 장래희망이 있는 친구들을 찾아보기도 쉽지 않다. 워낙 사회가 어려운 부분도 있겠지만, 이런 구체적인 장래희망을 스스로 생각해 볼 기회가 없이 자랐다는 게 더 정확한 분석이 될 듯하다. 온통 취업에 맞춰져 있는 교육현장 속에서 자녀들의 선택은 연봉이 높은 직장, 안정적인 직장 등 직업보다는 직장에 맞춰져 있는 현실을 우리가 비난할 수만은 없는 것이다. '연봉이 높은 직장=대기업', '안정적인 직장=공무원'이라는 공식은 요즘 취업난의 상황 속에 살아가는 우리 자녀들과 부모가 모두 가지고 있는 공통 공식이 아닐까 싶을 정도이다.

요즘 우리 자녀들은 본인들에게 주어진 선택의 기회는 거의 없이, 학교와 부모에 의해 결정된 잘 정해진 진학의 시간표에 맞춰 살아가고 있음을 자주 목격할 수 있다. 이러다 보니, 자율성이 보장된 대학에 와서 학생들은 자신들이 스스로 삶의 계획을 세워 살아보는 사회생활의 사전 준비과정을 누릴 줄 모르는 상황에 놓이게 되는 경우가 많다. 대학상담기관에서 진로와 관련된 상담과 코칭을 진행하면서 가장 안타깝게 생각되었던 부분이 바로 이 부분이었다. 빈틈없이 자신의 생활을 다람쥐 쳇바퀴 돌아가듯 살아가든지, 아니면 대학생활에 전혀 적응을 못 하는 극과 극의 삶을 살아가는 대학생들을 1시간 간격으로 같은 상담실 속에서 만나기도 했다.

사례 1: 놀고 싶지만 놀 줄 몰라요!

대학생활을 착실히 잘해 나가는 학생과 상담사의 이야기이다. 대학에 입학하고 철저한 자기관리를 통해 학교생활을 해나가는 내담자는 진로와 관련된 상담을 받게 되었다. 그 내담자와 취업하고 싶은 기업에 대한 이야기를 나눌 시간이 있었다.

상담사 혹시 어떤 회사에 취업하고 싶다…, 그런 계획 있어요?
내담자 네. 저는 IT 관련 외국 기업에 취업하고 싶은데…. ○○ 같은 회사에 취업하고 싶어요.
상담사 그래요? 저도 얼마 전에 보니 그 회사가 채용을 특이하게 한다고 하던데…. 근로문화도 다른 회사들하고 다르다고 하더라고요.

내담자 네…. 그래서 저도 조금 고민이에요. 사실 그런 회사는 여러 가지 경험이 많아야 할 것 같은데…. 저는 특별히 그런 경험이 없는 것 같아서요.

상담사 어떤 경험이 필요할 것 같아요?

내담자 음… 뭐랄까…. 학교공부가 아닌 다른 것들? 예를 들면, 좀 노는 것도 필요할 것 같은데….

상담사 하하! 다른 친구들이 들으면 부럽다고 할만한 고민인데요?

내담자 하하! 네.

상담자는 이런 내담자의 고민을 '다양한 경험을 못 했다.'에 맞추기보다는 내담자가 '하고 싶었던 일'에 맞춰 접근을 시도했다.

상담사 다양한 경험…. 혹시 어떤 경험들이 하고 싶었어요?

내담자 지금 갑자기 생각하려니 막 떠오르지는 않는데요…. 여행도 가거나 그런 거요?!

상담사 그래요? 그럼 다음에 우리 다시 만날 때까지 이 종이에 5년, 10년, 20년 후에 하고 싶은 일들을 생각나는 대로 적어 와볼래요? 영어에 브레인 스토밍(Brain Storming)이라고 하는 거 있죠? 그렇게요.

내담자는 자신에게 주어진 종이를 가지고 돌아갔고, 다음 상담 시간에 자신의 생각을 적어놓은 종이를 가지고 다시 상담실로 찾아왔다. 내담자가 가지고 돌아온 종이에는 다양한 내용들이 적혀져 있었다. 내담자 자신이 적어 온 내용들을 하나씩 가볍게 이야기했다. 예를 들어, '열기구 타기'라는 꿈은 10년 후에 해보고 싶은데, 그때는 본인이 취업을 하고 자리를 잡아 어느 정도 경제적 여유가 생겨 할 수 있을 것 같다고 이야기했다. 자기관리가 철저한 학생답게 각 시기별로 하고 싶은 일들에 대한 이유를 비교적 잘 설명했다.

사례 2: 제가 뭘 좋아하는지 모르겠어요!

또 다른 경향성을 가진 사람도 있을 수 있다. 이 학생은 학교는 다니고 있지만, 자신이 뭘 하고 싶은지 전혀 모르겠다고 이야기했다. 진로를 결정해야 하는 시기가 가까워 오지만, 어떤 것에도 자신의 적성이 맞지 않는 것 같다고 이야기했다. 무엇이든 여러 번 시도는 해봤지만, 끈기 있게 하지 못하고 일찍 포기했던 경험이 다수 있는 학생이었다.

내담자 진짜… 뭘 해야 할까요?

상담사 참, 어렵죠.

내담자 그러니까요…. 뭘 해도 그게 오래가질 않네요. 금세 질려서 하기 싫어지고 그러는 게 많아요.

상담사 음…. 그럼 그런 성향이 반영될 수 있는 일을 찾아보는 건 어때요?

내담자 세상에 그렇게 할 수 있는 일도 있을까요?

상담사 우리가 모르는 것들이 더 많으니 한 번 찾아보는 노력은 해봐야지 않겠어요? 내가 하고 싶었던 일이나, 했을 때 재미있었던 일들이 있으면 그냥 종이 한 장에 낙서하듯이 쭉 써볼래요? 그리고 그걸 다음 주에 가져와서 이야기해 보죠!

한 주간 후에 학생이 가져온 종이에는 이런저런 것들이 적혀 있었다. 본인이 해서 좋았던 일들이나 해보고 싶었던 일들에는 초콜릿 만들기, 향초 만들기, 쿠키 만들기 등 무언가를 만들었던 것에 대한 좋은 기억이 있었다. 그리고 자신이 만든 것들을 다른 사람들과 나눴을 때에 행복했던 기억들이 많았다는 점을 확인할 수 있었다.

상담사 뭔가를 만드는 데 손재주가 많은가 봐요?
내담자 네. 저도 이런 것들을 다시 생각해 보니까…. 제가 참 이것저것 많이 만들어 봤더라고요.
상담사 뭔가를 이렇게 잘 만드는 게 ○○ 씨의 중요한 자원인 것 같은데요?
내담자 저도 그런 생각이 들어서 그런 일을 해보면 어떨까 싶더라고요. 요즘 자기 전공 분야에서 하고 싶은 일들을 꼭 하는 사람들만 있는 것 같지는 않아서…. 저도 학교 전공과 연결된 것만 생각하지 말고, 다양하게 생각해 보기로 했어요!

사람들이 볼 때 진득한 면이 없어 보이는 사람이라도, 그 사람이 가진 재능들 중의 하나로 연결되는 어떤 부분에서 공통점이 발견될 때가 있다. 우리 부모님, 선생님들과 같은 어른들은 이런 공통점을 잘 연결시켜 낼 수 있는 기회를 자녀들에게 제공해 줄 수 있어야 한다. 진흙 속에서 진주를 찾아내듯 교사와 부모는 이런 자녀의 특성들을 연결시켜 공통점과 탁월함을 찾아내 줄 수 있어야 한다. 어떤 분야나 직군을 지정해 주기보다 자녀의 잠재력에 관심을 가져야 한다.

　종이에 무언가를 써서 시각화시키는 것은 머릿속에 있던 추상적인 것들을 끌어내는 첫 단계이다. 눈에 보이는 가시적 결과물을 통해서 우선 작은 성취감을 줄 수 있다. 이 성취감을 이어가기 위한 작업은 교사나 부모의 특성이 아닌, 자녀들의 특성을 고려하여 진행해야 한다. 어떤 자녀는 자신이 종이에 쓰면서 자신이 가진 내재화된 특성들을 발견해 내는 경우도 있다. 그런 자녀들은 가벼운 대화만으로도 스스로 자신의 진로계획을 세워 나가기도 한다.

　하지만 어떤 자녀는 그렇게 발견하지 못하는 경우도 있다. 이런 자녀들은 자녀들이 발견하지 못한 어떤 부분을 교사와 부모가 찾아주되, 어떤 부분을 지정하여 설명만 하고 방법이나 해결책까지 제시해서는 안 된다. 반드시 2가지 이상의 선택지를 제시하고, 그 선택지를 자녀가 선택하게 하거나, 선택지들을 기반으로 자녀들이 새로운 것을 만들어 낼 수 있도록 기다려야 한다. 교사와 부모는 이런 과정에서 안내만 할 뿐, 결코 목적지까지 동행해서는 안 된다. 선택지를 선택하거나 새로운 선택지를 만들어 내는 과정이 자녀들에게는 스스로 자신의 인생을 결정해 보는 첫걸음이 될 수 있기 때문이다.

요목-구체화 훈련 2단계:
우선순위 정하기

　　　　　목록을 만들어 내는 과정은 머릿속에 있던 생각을 구체적 현실의 세계로 끌어내는 작업이다. 우리에게 있던 상상력을 내 삶 속에서 가능성을 타진하는 철도 레일에 옮겨놓은 것이다. 내 상상력이라는 기차가 현실에 나왔으니, 이제는 그 열차를 달리게 하기 위해서 필요한 것들을 정리할 시간이 필요하게 된 것이다.

　열차를 달리게 하려면 무엇이 필요할까? 우선 열차가 달릴 노선을 정해야 한다. 그리고 철로와 열차가 필요하고, 열차를 움직이게 할 수 있는 전력도 필요하다. 이런 필요를 고려하다 보면, 열차를 달리게 하기 위해 꼭 필요한 것과 있으면 좋을 것, 그리고 필요 없는 것들에 대해 구분을 하게 된다. 진로에 대한 준비 과정도 이런 구분이 필요할 때가 있다. 버킷리스트라는 방법을 통해 우리는 목록을 만들었다. 이제는 그 목록을 조금 입체적으로 구분해 줄 필요가 있다. 입체적 구분을 위해 실행중요도와 같은 일정한 기준을 제시해 주는 것이다.

 오래전 이야기이지만, 한동안 '플랭클린 플래너'라는 제품과 그와 연결된 책들을 시중에서 볼 수 있었다. 나도 이 제품이 궁금해서 그 내용을 보니, 요즘과 비교하면 일종의 'To-do List'를 정리하는 내용이었던 것으로 기억한다. 우리 자녀들의 진로에 대한 부분에도 'To-do List'의 작업이 필요하다. 다만, 이 작업은 청소년 이하의 자녀들이 혼자 하기에는 경험이 부족하기 때문에, 부모님들의 경험과 시각이 많은 도움이 될 것이다. 자녀들이 각자 정리한 버킷리스트에 To-do List를 부여하는 기준은 다음과 같다.

- ☑ 해야 할 것
- ☑ 해도 되고 안 해도 되는 것
- ☑ 꼭 하지 않아도 되는 것

해야 할 것에는 '꼭'이라는 단어를 넣지 않았다. 이유는 부담을 주지 않기 위해서다. 계획이라는 것은 꼭 지켜진다는 보장이 없다. 이런 부담을 주는 것은 실제 계획을 실행하는 사람 입장에서는 시작부터 부정적 정서를 갖게 할 수도 있다. 그리고 실제 변경되는 계획에 있어 죄책감 같은 마음을 갖게 할 수도 있기 때문에 해야 할 것에는 '꼭'이라는 단어를 넣지 않았다. 다만, 하지 않아도 되는 것에는 '꼭'이라는 단어를 넣었다. 왜냐하면, 하지 않아도 되는 것에 쓸데없는 에너지를 낭비하지 않게 하기 위함이다. 우리는 '하지 않아도 되는 것'에 더욱 열중할 때가 종종 있다. 그럴 때, 불현듯 생각이 들어 이 기준을 다시 보게 될 때에 각성을 주기 위한 의미로, 하지 않아도 되는 것에는 '꼭'이라는 단어를 붙여줬다. 예로 작성된 한 대학생의 버킷리스트를 통해 To-do List가 적용되는 과정을 살펴나가 보도록 하겠다.

대학 3학년 O 학생의 사례

학부 3학년 학생으로 군복무를 마치고 복학한 학생이다. 2학년 1학기를 마치고 군 입대를 했고, 지난 학기 복학하여 1학기를 마쳐서 현재는 3학년 1학기에 재학 중인 대학생이다. 군복무 후 돌아온 가정의 형편은 그리 넉넉하지 않은 편으로, 군 입대 전까지는 받지 않았던 학자금 대출을 받아 복학하게 되었다. 평소 여행을 좋아하고, 사교적인 성향의 성격을 가지고 있어 대인관계도 비교적 원만한 상황이었다.

연령	20대	30대	40대	50대
List	- 기차 여행 하기 - 졸업 후, 취업하기 - 독립하기 - 제2외국어 마스터하기 - 휴학하고 아르바이트하기	- 카파도키아에서 열기구 타기 - 인생 2막 준비하기 - 결혼하기 - 대학원 진학하기	- 자녀와 오로라 보기 - 취미생활 하기 - 봉사활동	- 나만의 집 짓기 - 내 이름으로 책쓰기 - 세계 일주 하기

O 학생과 상담사는 O 학생이 작성한 버킷리스트를 바탕으로 앞서 제시한 3가지의 To-do List를 만드는 기준에 따라 재구성하기로 했다. 재구성의 과정은 철저히 O 학생이 주도적으로 실시했으며, 상담사는 변경된 내용의 이유를 O 학생의 관점에서 듣는 과정을 함께했다. O 학생이 변경한 버킷리스트는 아래와 같다.

구분	20대	30대	40대	50대
해야 할 일	– 졸업 후, 취업하기 – 제2외국어 마스터하기	– 카파도키아에서 열기구 타기 – 결혼하기	– 자녀와 오로라 보기	
해도 되고 안 해도 되는 일	– 기차 여행하기	– 인생 2막 준비하기	– 취미생활 하기	– 나만의 집 짓기 – 내 이름으로 책 쓰기
꼭 하지 않아도 되는 일	– 휴학하고 아르바이트 하기 – 독립하기	– 대학원 진학하기	– 봉사활동	– 세계 일주 하기

O 학생의 변경된 버킷리스트에서 상담사는 우선 가까운 미래인 20대의 계획부터 이야기를 시작했다. 이후 30대, 40대 먼 미래의 계획에 대한 이야기를 나눴다.

상담사 첫 번째 리스트하고 다르게 아르바이트나 독립에 대한 내용이 '꼭 하지 않아도 되는 일'로 이동했네요. 혹시 지금 집안 사정하고 관련이 있는 거예요?

O 학생 네. 전혀 없다고는 할 수 없죠. 아무래도 제가 지금 독립을 하려면 아르바이트를 해야 하는데…. 휴학하고 아르

|상담사| 바이트를 해서 버는 돈은 독립을 하려면 터무니없이 모자라겠다는 생각이 들더라고요. 그럴 거면 차라리 졸업을 빨리 하고 취업을 해야겠다는 생각을 했어요.

상담사 그랬군요…. 그럼 그런 경제적인 부분과 연결되어 있나요? 30대에 대학원 진학하기가 '꼭 하지 않아도 되는 일'에 있는 것도요?

O 학생 뭐, 꼭 그런 건 아닌데요. 저는 결혼은 30대에 꼭 해야겠다는 생각이 있거든요. 요즘 욜로(YOLO)다 뭐다 하긴 하지만…. 저는 가정이라는 안정적인 울타리에서 주는 안정감이 중요하다는 생각이 들었어요. 그래서 결혼을 생각하다 보니 대학원은 조금 중요하지 않은 문제가 되더라고요.

상담사 굉장히 고민들을 많이 했네요. 리스트 하나하나에서 O 학생의 고뇌가 느껴집니다.

(후략)

O 학생은 자신이 작성한 버킷리스트에 To-do List를 만들어 가면서, 자신이 처한 상황과 진로에 대한 계획들을 조금 더 구체화하는 과정을 겪었다. 이런 구체적 고민이 상담시간에 내담자의 이야기에서 나타나는 부분이 있었다.

○ 학생   선생님, 제가 졸업 후 취업을 해야겠다는 생각을 하고 보니까…. 어떤 회사에 취업을 해야 하나에 대한 고민을 하게 되더라고요.

상담사   그렇죠. 목표가 생긴 거니까요.

○ 학생   저는 사실 뭔가 도전적인 회사, 창업도 생각했었는데…. 지금 상황이 그렇지 못해서 아무래도 안정적인 기업에 취업을 해야 할 것 같아요.

상담사   어떻게 그런 생각을 하게 됐어요?

○ 학생   아무래도 저희 집도 어렵고…. 제가 버킷리스트를 정리하면서 생각해 보니 결혼이나 이런 문제에서 제가 실제적으로 준비해야 할 것들이 있더라고요. 그런 부분들을 생각해 보니 아무래도 불안정한 창업보다는 안정적인 기업이 나을 것 같다는 생각을 하게 됐어요.

상담사   그랬군요. 뭐, 저도 얼마 전에 영상을 보니까…. 요즘은 어떤 기업에서는 사내벤처도 지원하는 회사들이 있다고 하더라고요. ○ 학생이 혹시 그런 회사에 들어가면, 두 마리 토끼를 다 잡는 기회가 생기지 않겠어요?!

○ 학생   네! 맞네요!

진로계획이 한두 번이 아니라, 시간을 가지고 장기간 마라톤과 같이 함께해 줘야 하는 이유는 바로 이런 상황들이 있기 때문이다. 교사나 부모, 상담사가 모든 직종과 직업의 전문가는 아니다. 하지만 각자가 가진 경험과 정보에서 연결되는 다양한 부분들에서 나오는 지혜가 진로를 찾아가는 자녀들에게는 큰 자원이 될 수 있기 때문이다.

버킷리스트와 To-do List는 자녀들이 진로에 대해 구체적으로 생각하는 기회를 제공하는 것을 넘어, 자신의 인생에 대한 전반적인 고려를 하는 기회도 제공한다. 물론 청소년 자녀들은 조금 정도가 다를 수 있지만, 이 기회가 청소년기 자녀들과 대화가 어렵다는 부모님들께 새로운 대화의 장을 열어주는 기회가 될 수도 있을 것이다. 부모님들은 이런 시간을 통해 우리 자녀들에게 자신의 상황과 진로계획에 대해 생각할 기회와 연습을 시켜줄 필요가 있다.

요목-구체화 훈련 3단계:
구체화하기

목록을 만들고, 우선순위를 정하는 것만으로 진로 계획이 실행되고 있다고 보기는 어렵다. 마지막으로 자신이 세운 계획을 우선순위에 따라 실행하는 것이 중요하다. 버킷리스트를 통해 실제화하고, To-do List를 통해 요목화했다면, 마지막으로 계획을 구체화하는 작업이 필요하다. 구체화 작업은 진로를 실행하는 자녀들이 자신의 To-do List에 우선순위를 부여하는 것이다. 우선순위를 부여한다는 것은 시간적으로 먼저 해야 할 것과 조금 시간을 두고 해야 할 것을 구분해야 하는 것을 말한다.

초등학생들이 방학이 되면 종이에 동그라미를 그리고 하루 일과표를 만든다. 이런 일과표는 일차원적이고 단편적인 형태의 계획이다. 즉, 우리 자녀들은 아직까지 이런 일차원적이고 단편적인 형태의 계획만 세워왔던 것이다. 이런 계획을 입체적으로 만들어 주는 과정이 필요하다. 그리고 이런 입체화의 과정은 자신의 진로계획을 구체적으로 실행할 수 있는 계획으로 변경시켜 줄 것이다.

앞선 '우선순위 정하기'에서 정해진 '해야 할 일'을 입체적으로 계획해야 한다. 즉시 시작할 수 있음에 대한 여부, 다른 일들과 동시에 수행할 수 있음에 대한 여부 등을 충분히 고려해야 한다. 보통 계획을 실행에 옮기지 못하는 우리의 속성은 크게 2가지이다. '지연(Delay)'과 '포기(Give Up)'이다. 작심삼일(作心三日)이라도 해야 하고, 작심삼일을 반복해서라도 시도해야 한다.

'내일부터 하면 되지….'라는 생각이 주는 달콤함에 넘어가면 안 된다. 교사와 부모 같은 어른들의 빛나는 조연으로의 역할은 여기에서 시작된다. 자녀들에게 동기부여를 주고, 자신이 세운 진로계획을 해나갈 수 있는 용기를 줄 수 있어야 한다. 많은 부분에서 자녀들은 포기할 기회를 만들어 내기 위해 노력한다. 반면 어른들은 이런 포기의 기회가 자녀들에게 다가서지 않도록 방어해야 한다. 자녀들이 자신의 진로계획을 잘 수행해 나갈 수 있는 정서적 환경을 제시해 줄 수 있어야 한다. 여기에서의 정서적 환경은 앞서 살펴본 자녀들의 성향을 고려해야 한다.

내 자녀가 자신의 고민을 외부로 잘 이야기하는 자녀인가? 아니면 혼자 속에 담아두고 고민하는 자녀인가?

대학 3학년 O 학생의 구체화과정

O 학생이 구체화한 진로계획에 대해 상담사는 구체화하기 위한 작업을 시작했다. 우선 20대의 계획 중, O 학생이 우선순위 기준에 따라 구분한 내용을 확인했다. 구분한 내용 중, '해야 할 일'의 실행 계획을 구체화했다.

구분	20대
해야 할 일	- 졸업 후, 취업하기 - 제2외국어 마스터하기
해도 되고 안 해도 되는 일	- 기차 여행 하기
꼭 하지 않아도 되는 일	- 휴학하고 아르바이트하기 - 독립하기

상담사 그럼, 이제 20대의 계획에서 우리가 어떤 일을 가장 먼저 시작해 보면 좋을까요?

O 학생   아무래도 '해야 할 일'에 있는 일들을 먼저 해야 하지 않을까 싶어요.

상담사   그래요. O 학생은… 해야 할 일에 2가지가 있네요?

O 학생   네. 2가지가 있어요.

상담사   2가지 중에 O 학생이 보기에 조금 더 먼저 해결해야 하는 건 어떤 걸까요?

O 학생   아무래도 요즘 취업도 어렵고 하니…. 취업준비가 먼저이지 않을까 싶어요.

상담사   그래요.

O 학생   지난번에 선생님이 말씀해 주셨던 이야기들을 듣고, 그렇게 하는 회사들이 어디인가 찾아봤거든요. 몇 곳을 찾았습니다. 그런데… 상당히 경쟁률도 높은 것을 보니, 지원자들이 많은 것 같더라고요. 그래서 제가 생각했던 것보다 조금 서둘러서 취업준비를 해야 할 것 같아요.

상담사   빠르게 알아봤네요! 취업하려면 어떤 것들이 제일 필요한가요?

O 학생   우선, 공무원 시험 같은 필기시험도 있어서 그 부분을 미리 준비하는 과정도 필요하고… 입사한 사람들의 후기를 보니 자기계발에 대한 포트폴리오 제출도 있더라

고요. 그것도 조금 준비해야 할 것 같아요.

상담사 여러 가지 준비를 해야 하네요….

O 학생 포트폴리오는 어떤 걸 해야 하나 고민이에요….

상담사 O 학생이 관심 가지고 있거나, 좋아하는 분야를 중심으로 자기계발을 하고 있다는 것을 어필하는 게 어때요?

O 학생 네! 그게 좋겠어요! 음… 저는 여행도 좋아하고… 여행에서 새로운 친구들을 만나서 관계도 만들어 가는 걸 잘했는데…. 그런 이야기들로 시작하는 포트폴리오를 만들어 봐야겠네요.

O 학생은 자신이 이번에 우선순위를 정한 내용에 실제로 우선해야 할 부분을 잘 찾아갔다. 이런 과정 속에서 해야 할 일들이 복합적으로 실행이 가능하다는 점도 확인하게 된다.

O 학생 선생님, 제가 아직 졸업하고 취업하려면 시간이 조금 있는 편이더라고요. 그래서 뭘 더 하면 좋을까 고민 중인데요.

상담사 어떤 게 좋을 것 같아요?

O 학생 지금 보니, 제가 해야 할 일에 '제2외국어 마스터'도 있네요. 제가 전부터 외국 친구들을 만나면서 다른 외국

어를 조금이라도 하나 더 할 줄 알면 좋을 것 같다는 생각을 했었는데…. 그 제2외국어를 취업준비 하는 시간에 함께 하면 나중에 취업에도 도움이 될 것 같다는 생각이 들어요.

상담사 오! 그러네요! 그런데 다 같이 하려면 조금 버겁지 않겠어요?

O학생 제가 취업준비처럼 목숨 걸고 달려들듯 하는 건 아니니까…. 취업준비 공부하다가 틈날 때 미드(미국드라마)나 일드(일본드라마)보듯이 하면 될 것 같아요.

진로계획의 설계와 실행이 학교 수업과 같은 형태가 아닌 상담 또는 코칭으로 이뤄질 때의 장점이 바로 이런 부분이다. 진로계획의 설계와 실행의 주도권이 교사나 부모 등 비실행자에게 있는 것이 아니라, 철저하게 실행자인 자녀들에게 주어질 수 있기 때문이다. 즉, 외부의 강제성이 아닌 자발적인 설계와 참여가 기반이 된다는 점에서 효과성과 만족도는 교육중심의 진로설계 및 실행과는 다른 형태로 나타나게 된다.

한국의 교육과 학교가 오랜 시간 우리 학생들에게 이야기해 오는 주제가 '자기주도적 학습'이었다. 하지만 한국교육은 점차 자기주도가 아닌 부모주도의 학습이 진행되는 상황이 되고 있다. 이런 분위기는 이미 대학에까지 영향을 미치고 있다. 부모주도의 학습에 길든 학생들에게 진로계획과 설계를 느닷없이 스스로 하라고 내던지는 모습은 자녀들에게 당황스러운 모습이 되는 것이다.

1997년에 제작된 미국 영화 〈굿 윌 헌팅(Good Will Hunting)〉이 있다. 천재적 두뇌를 가졌지만, 어린 시절 받은 상처로 반항아가 된 윌(Will)과 윌의 천재성을 알아본 MIT 수학과 램보(Rambo) 교수의 부탁을 받은 심리학 교수 숀(Sean)이 함께 시간을 보내며 변화하는 과정을 담은 영화이다. 이 영화의 내용만큼이나 영화를 떠올리며 사람들이 기억하는 명대사가 있다.

"네 잘못이 아니야(It's not your fault)."

오늘 우리 자녀들에게 어른들이 해줘야 하는 말이다. 그냥 위로의 말을 넘어, 미안함을 담아 해줘야 하는 이야기일지도 모른다. 자기주도적인 진로설계와 진로구체화를 충분히 해볼 수 있도록 해주지 못한 어른들이 늦게나마 자신의 인생을 스스로 개척해 보려고 첫걸음을 떼어내고 있는 자녀들을 보며 '왜 그리 못하냐!'가 아니라 '못해도 해보렴. 못하는 건 너의 잘못이 아니라, 우리 어른들의 불안 때문이었거든.'이라는 미안함을 가져야 하기 때문이다. 그리고 지금이라도 우리 자녀들이 스스로 할 수 있는 자기주도의 과정을 진로계획과 실행의 부분에 있어서라도 어른들이 절제된 적극성을 가지고 지지와 응원을 해줄 수 있어야 하는 이유가 바로 이것이 아닐까 싶다.

목록 만들기	우선 순위 정하기	구체화하기
① 하고 싶은 일들을 담은 버킷리스트(Bucket list) 만들기 ② 10년 단위로 20~50대 정도 연령까지로 기간을 설정하기 ③ 하고 싶은 일들을 순서 없이 나열하기	① 연령별로 구분한 버킷리스트의 기준에 따라 분류하기 ＊ 분류를 위한 3가지 기준 ・해야 할 일 ・해도 되고 안 해도 되는 일 ・꼭 할 필요가 없는 일 ② 분류하는 이유를 함께 이야기하기	① '해야 할 일' 중에서도 먼저 시작해야 할 일 정하기 ② '해야 할 일' 중, 같이 시작할 수 있는 일이 있나 찾기

PART
3

계속해 보는 진로 구체화

요목-구체화 훈련은 말 그대로 방법이다. 진로에 대한 계획을 설계하고, 실제로 실행하는 데 도움이 되는 방법일 뿐이다. 문제는 이 방법을 적용하고 지속적으로 해나가는 과정과 실행이 중요하다. 이 실행과정은 상담과 코칭에서 내담자나 피코치를 지지해 준다는 관점에서 접근할 필요가 있다. 왜냐하면 진로에 대한 여정에서 자녀들에게는 충분히 홀로 설 수 있는 곳까지 끊임없이 가야 하는 지구력이 필요하기 때문이다.

　이번 부분은 이런 지속성 있는 지원을 위한 내용들을 함께 나눠보려고 한다. Part 1에서는 우리 자녀들의 시대적이고 일반적인 특징을 살펴보았고, Part 2에서는 자녀들과 실제로 함께 할 수 있는 진로설계의 계획과 실행을 위한 방법을 확인했다. Part 3에서는 이렇게 세운 진로설계의 계획과 실행을 교사와 부모, 어른들이 함께 도와줄 수 있는 방법을 소개하고자 한다.

여기에서 소개하는 방법은 이미 상담이나 코칭에서 많이 활용되고 있는 방법론을 진로와 관련하여 부모와 자녀, 교사와 학생처럼 진로문제 속에 직접 참여하고 있는 이들을 위해 적용하는 방식으로 접근했다. 단순히 상담과 코칭에서 사용하는 이론을 정리하고 소개하기보다는, 앞선 Part 2의 상황 및 사례들과 연계하여 적용했다. 이러한 적용을 통해서 실제 자녀들과의 진로문제로 이야기를 나눠야 하는 교사, 부모의 진로지도 기술에 도움이 될 수 있도록 하는 것을 목표로 한다.

진로지도를 잘한다고 이야기하는 사람들이 적지 않은 시대다. 이는 진로지도에 대한 절대적인 방법이나 규칙이 없다는 것을 말하며, 진로실행자인 자녀들의 주도권이 중요함을 다시 확인하는 부분이기도 하다. 하지만 방법과 규칙을 넘어 진로결정이라는 것은 한 번 일시적으로 만나 하는 진로지도를 통해 한 개인이 변화하고 적응하는 과정을 모두 함께하기에는 턱없이 부족하다. 결국 우리 자녀들이 세운 진로의 완성은 적게는 몇 주에서 많게는 수년까지 지속되는 과정이기 때문이다. 이 길고 긴 진로

설계의 과정을 끊임없이 해나갈 수 있도록 도울 수 있는 방법과 접근이 필요한 이유가 바로 이것이다.

온라인상에 돌아다니던 유명한 말이 있다. 온라인에서 확인한 이야기에 한 가지를 더해 자녀를 대학에 보내는 4가지 힘에 대해 정리하면 이렇다.

- ☑ 엄마의 정보력
- ☑ 아빠의 무관심 또는 이해력
- ☑ 할아버지의 재력
- ☑ 자녀의 끈기

결국, 우리 자녀가 관건이라는 것이다. 부모가 해줄 수 있는 자녀에 대한 지원의 완성은 자녀가 그것들을 끝까지 해낼 수 있도록 문제를 해결해 주었느냐에 관한 것이라 볼 수 있다. 다르게는 자녀가 끝까지 해내도록 부모가 지원해야 한다는 것으로도 이해해 볼 수 있다. 바로 부모와 교사가 끝까지 지원하는 방법에 대한 이야기가 이번 Part에서 나눌 이야기에 해당한다. 이번 Part는 '요목-구체화 훈련'을 적용할 수 있는 다양한 상담학의 이론들을 간략하게 설명하고 적용해 보는 부분이다. 앞서 함께 살펴본 요목-구체화 훈련을 이번 Part에서 다루는 큰 틀 속에서 반복적으로 수행하면, 우리 자녀들의 진로구체화의 과정에 많은 도움이 될 수 있다.

앞선 Part가 마라톤 선수에게 달리기 기술을 가르친 것과 같다면, 이번 Part의 내용은 마라톤 선수들의 페이스 메이커로 함께 훈련하는 훈련법에 가깝다고 보면 이해가 쉬울 것이다. 달리기 기술만으로는 마라톤을 할 수 없다. 그 기술을 끊임없이 연습하는 훈련의 과정이 필요하다. 이 훈련을 우리 부모, 교사가 페이스 메이커로 자녀들과 함께해 줄 수 있다면 진로라는 좋은 마라톤 기록이 나올 수 있지 않을까?

반복하기

우리 인간이 가진 불변의 능력이 있다. 바로 '망각(忘却)'의 힘이다. 한번 듣거나, 배운 것은 어쩌면 그리도 하얀 도화지처럼 잊어버리는지 모르겠다.

"그런 말을 했었나?"

우리가 가장 흔하게 하는 변명 중 하나이기도 하다. 바로 이 변명이 우리가 가진 망각에 대한 능력을 보여주는 증거가 된다. 이렇게 망각하는 우리 인간의 습성을 고려한 진로상담과 코칭이 필요하다. 망각하는 우리의 습성을 비판하거나 비난할 필요는 없다. 당연한 현상이고, 이런 우리의 특성은 매우 자연스러운 현상이기 때문이다. 다만 이런 상황이 반복되어 잊어버릴 만할 때마다 주기적으로 원래 방향과 목표대로 반복할 수 있도록 접근한다면, 진로상담과 코칭에 큰 도움이 될 것이다.

상담에서는 이렇게 잊어버릴 만할 때마다 주기적으로 반복할 수 있도록 도와줄 수 있는 상담방법이 한 가지 있다. 이 방법은 기술훈련(Skill Traning)이다. 상담과 코칭에서 기술훈련은 내담자 또는 피코치가 가진 자신이 하고자 하는 일이나 계획에 대한 실행력의 부족함을 극복하기 위해 고안된 방법이다. 기술훈련의 세부적인 방법으로는 다른 사람의 행동을 관찰하여 그것을 따라 배우게 하는 모델링과 함께 직접적인 지도, 촉진, 형성, 강화, 행동시연, 역할 연기, 교정적 피드백 등을 통해 구체적으로 실시될 수 있다.[1] 기술훈련의 핵심은 다양한 방식으로 시행이 가능하며, 피드백을 통해 반복할 수 있다는 점이다.

기술훈련 실행의 과정

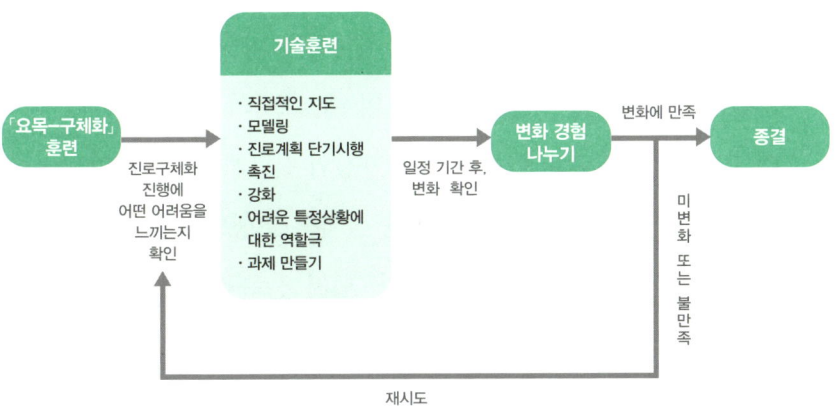

　일반적으로 기술훈련의 세부적인 방법에서 '직접적인 지도'에 대한 부분은 이미 교육현장에서 많은 부분 시도되고 있다고 보이므로, 별도의 설명은 추가하지 않으려 한다. 직접적인 지도의 좋고 나쁨을 떠나, 기술훈련에서 사용될 수 있는 방법은 다양하다는 점을 다시 한번 강조하고 싶다. 예를 들어, 교사 또는 부모의 전공이나 직업과 동일한 진로를 택하고 싶어 하는 자녀들에게는 교사와 부모가 좋은 롤모델(Role Model)이 될 수 있다. 교사와 부모가 보통 이뤄지는 생활을 통해서 최선을 다하는 모습만 보여도 자녀들에게는 모델링을 통한 기술훈련이 될 수 있다.
　이외에 촉진과 강화의 부분은 자녀들의 성향에 따라 접근할 수 있는 기술훈련이다. 예를 들어, 어떤 일에 있어 결정과 실행에 소심한 성향을 보이는 자녀들의 경우, 교사와 부모의 적절한 촉진과 강화는 많은 도움이 된다. 자녀들이 머뭇거리는 모습을 보인다거나, 지연시키는 경향을 보일 때, 교사와 부모가 자녀들이 요목-구체화 훈련을 통해 세운 자신의 진로계획을 실행할 수 있도록 촉진과 강화를 제공한다면 실제적 수행으로 연결될 수 있는 가능성을 제공하게 될 것이다. 먼저 진로구체화에서 촉진(Facilitation)의 상황을 살펴보자.

학생　지난번에 선생님하고 했던 내용을 집에 가서 생각해 보면서, 제가 잘할 수 있을까라는 생각을 많이 하게 되더라고요. 제가 다른 일에도 하겠다고 해놓고 실패한 적이 많았거든요.

교사　실패해도 괜찮아! 선생님하고 얘기한 건 한 번에 다 할 수 있는 건 아니니까…. 그리고 뭐든지 실패하더라도 그게 경험이 되는 거니까…. 경험이 쌓인다는 건 너한테 없어지는 게 아니라, 너의 재산이 되는 거니 우선 하나라도 해보는 게 중요한 것 같아.

학생과 교사의 대화이다. 이 상황은 아마도 요목-구체화 훈련을 마친 후에 실제 자신의 삶 속에 진로구체화를 위한 과정을 적용하는 시작단계에서 나눠진 대화로 볼 수 있겠다. 교사가 학생의 소심한 걱정에 실패는 실패가 아니라, 경험의 축적이라는 새로운 관점을 제시하며 시도할 것을 촉진하는 상황이다. 어른들이 흔히 말하듯 자녀들은 자신이 처한 상황에서 하지 못할 핑곗거리를 찾아 나설 가능성이 높다. 이때, 그 핑곗거리를 수용하면서 적절하게 사고의 틀을 전환시켜 주는 어른들의 촉진이 필요하다. 다음은 강화(Reinforcement)의 상황에 대한 대화이다.

학생 선생님, 나름 찾아보려고 노력했는데…. 제가 보기엔 다 별로 큰 쓸모가 있는 것 같지 않은 정보들만 찾은 것 같아요. 이게 저한테 의미가 있을까요?

교사 어디 한번 볼까? 음… 내가 보기엔 이런 건 유사한 사례로 정리하고, 또 이건 실패 사례로 정리해서 실제 상황에서 있을 여러 가지 경우의 수로 생각해 보면 어떨까 싶은데?

학생이 요목-구체화 훈련 이후 스스로 시도해서 찾은 정보들에 대한 확신이 없는 상황에서의 대화이다. 이 대화에서 교사는 노력의 결과물에 대한 확신이 없는 학생에게 새로운 관점을 제시하여, 현재 학생이 찾은 정보들이 후에 있을 진로탐색에 필요한 자원이 될 수 있는 안내를 시도했다. 자녀들이 자신의 진로와 관련하여 정보를 탐색하며, 좌절을 경험하는 순간들이 많을 수 있다. 이때 어른들은 자녀들의 노력에 촉진과 강화를 통해 어려운 순간을 넘어가고, 지금 자녀들이 하고 있는 과정과 노력이 의미 없는 것이 아니라는 점을 인식시켜 줄 필요가 있다.

어려운 상황에 대한 역할극은 진로와 관련한 집단에서 활용이 가능하다. 예를 들어, 자신의 진로에 대해 무조건 반대만 하는 부모와 충돌상황에 있는 자녀들이 모인 집단에서 집단원들 중 희망하거나 역할에 적절하다고 보이는 집단원에게 부모와 자녀의 역할을 각각 맡기고, 그 속에서 자신이 하고 싶은 진로에 대한 이야기에 대해 부모를 설득하는 연습을 시키는 과정을 역할극으로 연습해 볼 수 있다. 역할극의 상황에서 부모와 자녀의 대화를 가정한 상황을 통해 살펴보도록 하겠다.

교사   이번엔 우리 집에서 고민을 실제로 한번 이야기해 보면 어떨까? ○○의 이야기를 여기에서 한번 엄마와 ○○의 역할로 한번 재구성해 보면 어떨까 하는데…. 혹시 ○○의 역할을 해볼 사람이랑 엄마 역할 해줄 사람 있을까?

학생 A   네. 제가 ○○ 역할 해볼게요. 저도 비슷한 상황이라서 해볼 수 있을 것 같아요.

교사   그럼 엄마 역할은?

학생 B   제가 한번 해볼게요. 우리 엄마가 하는 모습을 제가 한번 해보고 싶어요.

역할을 나눈 후에는 실제 역할극을 시도한다. 역할극의 시간은 꼭 길지 않아도 된다. 다만 아이들이 충분히 역할에 자신이 처한 상황에서의 생각이 나타날 수 있도록 실현되면 된다.

○○   엄마, 나 기타(Guitar)로 대학 가고 싶은데…. 도와주면 안 돼요?

엄마   야, 그거 해서 뭐 해 먹고 살라고 그래?

○○   내가 알아보니까, 그냥 기타 연주만 하고 사는 건 아니더라고요.

엄마   그럼, 뭐 하는데? 결국 다 배고프고 그런 거야….

○○   대학 가서 또 다른 전공들도 같이 공부하면서, 음악을 병행할 수 있는 길들이 있었어요.

엄마   그래? 그게 뭔데?

○○   저도 지금은 자세히 기억은 안 나지만…. 제가 자세히

	찾아와서 이야기하면 제 이야기 들어줄 거예요?
엄마	그래. 한번 찾아와 봐.

역할극 후에는 교사가 사회자가 되어서 ○○ 역할을 했던 학생 A, 엄마 역할을 했던 학생 B와 생각을 서로 나눠볼 수 있다.

교사	A는 ○○ 역할을 해보니 어땠니?
학생 A	와… 진짜… 저랑 비슷해서… 막, 뭐라고 할까… 마음속에서 뭐가 올라오는 기분이었어요.
교사	○○는 A가 네 역할을 하는 걸 보니까 어땠어?
○○	엄마가 보는 내 모습이 저렇겠구나… 싶었어요. 그런데 A는 저하고 조금 다르게 대화를 풀어가더라고요.
교사	어떤 게 달랐는데?
○○	잘 기억이 안 나는 걸 찾아와서 다시 얘기하겠다고 하는 게 저하고 조금 달랐어요.

(중략)

교사	그럼 이번에 엄마 역할을 한 B는 어땠어?
학생 B	저도 A처럼 이야기하면 우리 엄마도 들어줄 것 같다는 생각을 해보게 됐어요.

(후략)

역할극을 해보는 과정에서 자녀들은 자신들이 발견하지 못했던 자신의 모습이나 갈등해결의 새로운 국면을 경험해 보게 된다. 그리고 이런 경험은 이후 자신들이 실제 가정에서 겪을 상황에서 유연하게 대처하는 훈련도 가능하게 한다.

이 외에 요목-구체화 훈련 후에 전혀 구체화 과정이 진행되지 않는 자녀들에게는 '과제 만들기'의 방법으로 접근할 수 있다. 과제 만들기는 자녀들에게 목표를 정하고, 그 목표를 달성하기 위한 것으로 요목-구체화 속의 또 다른 요목-구체화 훈련이 진행되는 것으로 볼 수 있다. 과제 만들기에서 중요한 기준은 우선순위의 문제를 자녀가 스스로 결정하게 하는 것이다.

부모   음… 지난번에 방송기자가 되고 싶다고 이야기했잖아. 방송기자가 되려면 어떤 준비를 하면 좋겠니?

자녀   모르겠어요. 그냥 언론 관련 학과 대학으로 진학하면 되는 거 아니에요?

부모   보통은 그렇게 생각하는데… 꼭 그렇지만은 않을 수도 있지 않을까?

자녀   (딴청 부리며) 몰라요.

부모   너 혹시 네가 좋아하는 방송기자들이 있다고 하지 않았니?

자녀   네. 2~3명 있죠.

부모   그럼, 네가 탐정이 돼서 그 사람들 뒷조사를 좀 해봐. 인터넷에 서치해 보면 그 사람들 약력이나, 수상경력 같은 거 나오지 않을까?

자녀   네. 그런 거야 뭐… 공부하는 것도 아니고, 어려울 것 없죠.

부모   그럼, 찾아서 다음에 한번 얘기해 줘 볼래?

어른들이 보면, 전혀 도움이 될 것 같지 않은 이야기들이다. 하지만 이 대화에는 자녀들과 합의하에 부담스럽지 않은 과제를 만들어 내는 과정이 숨어 있다. 방송기자가 되기 위해서 자신이 모델링할 수 있는 대상을 찾고, 그 대상이 걸어온 길에서 자신이 모르던 길을 찾아내게 하는 것이다. 이런 내용은 청소년기 자녀와 대화가 어려운 상황에 좋은 대화 주제가 될 수 있다는 점에서 부모와 자녀 간에 대화가 시도되는 장점이 될 수 있다.

동기부여 하기

―――― 앞서 살펴본 반복하기는 교사와 부모의 관점에서 시도되는 측면을 고려할 수 있다. 교사와 부모의 관점에서 시도된다는 점은 연령으로 구분했을 때 중, 고등학교에 재학 중인 청소년 자녀들과의 관계에서 많이 적용될 수 있는 부분이다. 최근 한국의 성인에 속하는 대학생들은 청소년기 자녀들의 특성을 많이 가지고 있다. 따라서 기술훈련을 다소 편하게 느낄 가능성도 있다. 하지만 대학생이 된 성인자녀들에게 기술훈련으로 접근하기에는 자율성이라는 측면에서 다소 어려움이 있을 수 있다. 청년기 자녀들과 진로에 대한 이야기는 교사나 부모의 깊은 개입보다는 자녀 스스로 동기를 확립할 수 있는 동기부여의 측면에

서 접근하는 것이 이런 자율성을 충분히 지켜줄 수 있다.

상담과 코칭에서 이런 관점을 가지고 접근한 부분이 동기강화면담(Motivational Interviewing)이다. 동기강화면담은 각각 개인이 갖게 된 변화의 동기와 결심을 강화하는 협력적 대화방식을 의미하며, 변화의 문제에 있어서 사람이 가지는 양가감정의 문제를 다루어 나가는 과정을 의미한다. 이 동기강화면담은 크게 관계 형성 하기, 초점 맞추기, 유발하기, 계획하기라는 4가지 과정을 통해 진행된다. 또한 열린질문 하기, 인정하기, 반영적 경청하기, 요약하기, 정보 제공하기와 조언하기라는 핵심기술을 바탕으로 진행된다.[2]

동기강화면담의 진행과정과 핵심기술

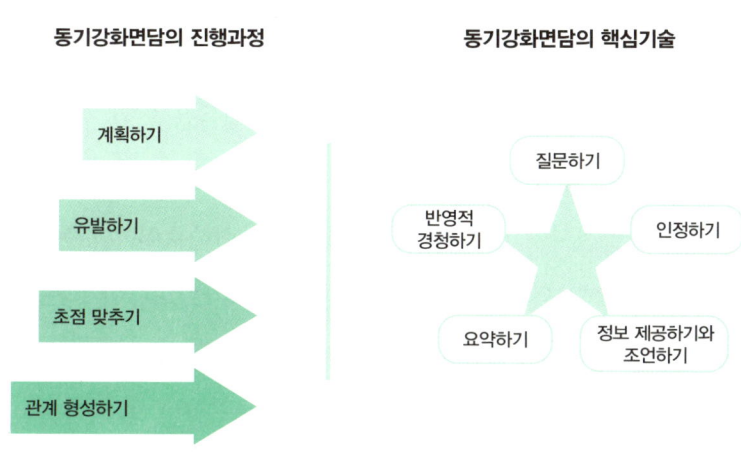

　진로상담과 코칭은 대부분 이미 관계가 형성되어 있는 상황에서 진행되는 경우가 많다. 그리고 이 책에서 설명한 요목-구체화 훈련은 이미 관계형성의 단계에서 진행된다고 볼 수 있다. 따라서 실제로 동기강화면담이 진행되기 위해서는 자녀들과 우선 초점을 맞추는 과정이 중요하다. 진로라는 큰 초점이 맞춰진 상태에서 진로구체화를 위해 변화되어야 하는 부분이 무엇인지에 대한 논의가 필요하다. 이 논의의 과정을 자녀들과 함께 가져야 하는 것이다. 이 논의의 과정에서 변화의 주체는 자녀이기 때문에, 자녀 중심의 배려와 계획이 세워져야 하겠다.

다음 과정인 유발하기를 통해서는 이렇게 세워진 진로구체화를 위한 변화가 이뤄질 수 있는 자녀들의 동기를 이끌어 내는 과정이 필요하다. 이 과정에서는 자녀들이 스스로 자신이 진로구체화를 수행해 내기 위한 변화의 이유와 방법들을 느낄 수 있게 해야 한다. 이렇게 느끼며 생각해 낸 이유와 방법을 바탕으로 자발적으로 발전시켜 나갈 수 있는 계기를 마련해주어야 하는 것이다. 바로 이 부분이 이전 기술훈련과 동기강화면담이 차별성을 갖는 부분이다. 주도성 비율이라는 측면에서 기술훈련이 교사와 부모, 그리고 자녀가 5:5의 비율을 갖는 반면, 동기강화면담은 최소 3:7 정도의 비율로 자녀(학생)가 높은 주도성을 가질 수 있게 된다.

마지막 과정인 계획하기에서는 요목-구체화 훈련의 마지막 부분에서 분류한 '해야 할 일'에 대한 구체적 계획을 세워나가는 것으로 적용할 수 있다. 동기강화면담은 사람이 가지는 양가감정을 고려하여 진행하는 방법이다. 계획하기 과정에서의 양가감정은 자신의 계획에 대해 무엇을 해야 하나 말아야 하나의 고민에 머무르지 않고, 해낼 일에 대해 생산적이고 진취적으로 고민하는 것으로 이어져야 한다. 이런 고민을 할 때에 조력자인 교사나 부모, 상담자(코치)는 변화했을 때의 자녀(학생)들의 모습을 상상하게 해줄 수 있게 해야 한다.

동기강화면담의 과정마다 조력자인 교사, 부모, 상담자(코치)는 몇 가지의 기능적 기술을 통해 이 과정을 함께한다. 가장 먼저, 열린질문을 던져야 한다. 열린질문이란 쉽게 설명하면 육하원칙(5W1H)로 시작되는 질문을 말한다.

코치   우리가 해야 할 일로 구분한 것들을 잘해서 성공한다면, 어떤 마음이 들 것 같으세요?

학생   음… 뭔가 뿌듯하고… 아… 지금껏 해보지 못했던 일들을 했다는 사실에 스스로 자랑스러움을 느낄 것 같아요.

열린질문을 통해서 자녀(학생)들이 자신의 문제를 해결해 나가고, 변화해 나가는 과정을 그려낼 수 있는 형식의 답변을 할 수 있도록 유도할 필요가 있다. 이런 형태의 사고는 이유보다는 방법을 중심으로 고민할 수 있는 기회를 부여하게 된다. 결국 진로의 실행 주체는 우리 자녀(학생)들이고, 이들이 자신이 세운 진로계획을 수행하며 성취감을 갖도록 하는 것이 중요한 과제이기 때문이다.

두 번째 기술은 인정하기이다. 동기강화면담에서 인정한다는 것은 단순히 자녀(학생)들의 노력이나 성과를 인정해 주는 것을 넘어서는 부분을 의미한다. 이런 기능적인 부분의 인정을 포함하여, 자녀(학생)들이 존재로서 충분히 존중받는 경험을 받을 수 있는 것을 포함하는 것이다.

상담사 글쎄요…. 사회적 기준으로 본다면 다들 그 정도는 기본이다라고 할 수도 있지만…. 제가 느끼기에 지금 이런 시도나 결과들은 ○○ 씨가 새로운 능력을 가진 부분을 확인했다는 긍정적인 가능성으로 느껴지는데요.
학생 아… 그런가요? 저는 별 게 아니라고만 생각했는데….
상담사 그럼요. 다른 사람은 ○○ 씨가 당연하다고 생각하는 걸 시도조차 못 해보는 사람들도 있을 텐데요. 그에 비해 ○○ 씨는 그런 가능성을 실제로 해보고 확인해 봤으니 훨씬 많은 것들을 이룬 거죠.

가능성 있는 존재로서 자녀(학생)들을 바라보고 인정해 주는 과정은 진로라는 불확실한 목표를 향해 나아가는 과정에서 큰 경험이 될 수 있다. 또한 이런 부분은 우리 인간이 가지고 있는 가장 기본적인 정서적 욕구가 채워지는 경험이 되기도 한다.

세 번째 기술은 반영적 경청이다. 경청은 일반적으로 잘 들어 준다는 것이다. 여기에 '반영적'이라고 추가되는 부분이 중요하다. 반영적이라는 것은 단순히 들어준다는 것을 넘어 공감적으로 생각을 공유하고 있다는 느낌을 갖게 해준다. 즉, 내가 가진 생각을 상대가 나의 입장에서 이해하고 공유하고 있다는 느낌을 가지고 들어주는 것을 의미하는 것이다.

자녀   제가 세운 진로 분야에서 가끔 제 친구들은 이미 많은 것들을 이룬 것처럼 보일 때가 있어요. 그럼 '난 뭐 하는 거지?', '아… 늦은 거 아니야?'라는…. 절망감 같은 마음이 들 때도 있어요.

부모   내가 뒤처져 있는 건 아닌가라는 불안한 마음도 생기고…. 나는 왜 이렇게 성과가 안 보이나라는 조급한 마음도 들기도 하고…. 그런 마음이 드는구나?

이런 대화를 통해서 자녀가 가진 여러 추상적인 생각들이 명확하게 정리되는 기회가 생긴다. 또한 자신에 대해 비관적으로만 보지 않고, 객관화시켜 생각할 수 있는 기회도 가질 수 있게 된다. 반영적 경청은 어떤 답을 주거나, 방향성을 말해주는 조언이 아니다. 이야기하는 사람이 가진 생각을 거울에 비춰보듯, 다시 되돌려주기만 해도 충분한 과정이다. 이런 단순한 과정만으로도 우리 자녀(학생)들은 자신에 대해 이전과 다른 관점을 가질 수 있게 되는 것이다.

네 번째 기술은 요약하기이다. 요약하기는 긴 시간 이야기한 내용을 이야기한 사람에게 다시 되돌려주는 것과 같다. 진로와 관련된 긴 이야기를 요약하는 과정을 통해서 자녀(학생)들은 자신이 최종적으로 생각해야 하는 방향성을 확인하고, 구체적 목표를 다시 되새기는 시간을 갖게 된다. 그리고 핵심적이고 명확한 목표를 기억하게 된다.

상담사   오늘 해야 할 일들을 실제로 해보면서 어려웠던 이야기들을 나눴어요. 특별히 내가 계획한 일들을 지속성 있게 해나가지 못했던 경험 때문에, 우리가 같이 정리한 요목-구체화 작업을 통해 찾아낸 '해야 할 일'도 잘 못하게 되지 않을까라는 걱정과 불안이 든다는 이야기를 많이 나눴네요. 이 부분을 저와 체크리스트를 만들어 주기적으로 확인해 보자고 했던 것 같은데… 맞나요?

자녀(학생)들의 이야기를 요약할 때에는, 반복하여 사용하는 단어나 표현, 주제들을 중심으로 요약해 주면 효과적이다. 반복하는 용어들이 결국은 자녀(학생)들이 가장 중요하고 크게 느끼는 문제 또는 고민들일 수 있기 때문이다. 이런 부분들에 대해서 변화할 수 있는 방법들을 함께 고민하고, 그 결과를 다시 상기시켜 줌으로써 자녀(학생)들에게 용기를 주게 된다.

마지막으로는 정보 제공하기와 조언하기이다. 보통 상담이나 코칭을 받으러 오는 사람들은 상담과 코칭을 통해서 정보를 제공받거나 조언을 들으려는 생각을 많이 한다. 하지만 실제 상담이나 코칭은 내담자 또는 피코치가 가진 잠재력을 일깨워 스스로 해결책을 찾아내는 과정을 도와주는 것을 목적으로 한다. 그렇다고 해서 정보 제공이나 조언을 전혀 하지 않는 것은 아니다. 필요한 부분에 있어서 선별적으로 해주는 기준이 필요하다.

상담사 진로탐색과 관련해서 도움이 될만한 심리검사들도 있어요. 모든 사람들에게 공개되어 있는 국가가 제공하는 사이트에서도 가능하고, 일선 상담센터에서 할 수 있는 것도 있죠. 이런 표준화된 심리검사들을 해보면, 내가 찾으려는 정보들을 더 빨리 찾을 수 있는 징검다리가 될 수 있습니다.

이런 정보 제공과 조언을 할 때에 고려해야 하는 점은 수요자(내담자 또는 피코치) 중심으로 제공되어야 한다는 점이다. 즉, 상담이나 코칭을 받는 자녀(학생)들이 필요하거나 원하는 정보인지를 허락을 받고 제공해야 한다. 또한 단순히 교육적 측면에서 일방향적으로 제시되거나 제공되는 것이 아니어야 한다. 상담과 코칭은 내담자 또는 피코치의 내재되어 있는 성향과 잠재력을 고려하여 진행된다. 정보 제공이나 조언 또한 이런 부분들을 고려하여 제공해야 하겠다.

 동기강화면담 방법은 큰 틀에서 요목-구체화 훈련과 연결시킬 수 있는 부분이 많다. 즉, 요목-구체화 훈련을 하면서 동시에 적용도 가능한 부분이 많은 것이다. 청소년이 아닌, 대학생 이상의 성인 자녀(학생)들과 진로구체화 과정에 대한 대화를 할 수 있는 기회가 된다면 어렵지 않게 적용해 볼 수 있을 것이다. 동기강화면담에서 중요한 점은 주도권에 대한 부분이다. 교사나 부모, 상담사(코치)가 아니라, 자녀(학생)가 주도할 수 있는 분위기가 진로상담과 코칭 속에 만들어질 때, 동기강화면담이 '요목-구체화 훈련'과 함께 빛을 낼 수 있게 될 것이다.

마음 챙기기

───── 교사나 부모가 아무리 자녀의 마음을 편하게 해주기 위해 지원한다고 하지만, 결국 인생이라는 긴 여정은 나 자신이 혼자 살아가는 과정이다. 때로는 주변에 아무도 없이 나 혼자서 오롯이 인생의 희로애락(喜怒哀樂)을 겪어내야 하는 시간이 찾아올지도 모른다. 이런 시기는 우리 인생에 한 번쯤 오는 시기이다. 누군가 내 옆에 있어도 어딘가 허전함을 느끼는 그런 마음이다.

허전함, 다른 말로 표현하면 공허감이라 할 수도 있는 이 마음을 가장 많이 느끼는 시기는 아마 청소년 후기인 고등학교 재학 시기를 포함한 청년 시기가 아닐까 생각된다. 그럼 나 혼자 이런 공허감을 감당할 때 도움이 될 방법은 없을까? 완벽하지는 않지만, 많은 부분에서 도움이 될만한 내용을 찾아보도록 하겠다.

마음 챙김

첫 번째로는 마음 챙김(Mindfulness)이다. 마음 챙김을 이해하기 위해서는 마음 놓침이라는 반대 개념을 먼저 확인해 볼 필요가 있다. 마음 놓침(Mindlessness)을 쉽게 설명할 수 있는 내용은 우리가 익숙한 것, 결과 등 수동적으로 받아들여지는 상태를 생각할 수 있다. 어떤 상황에 대해서도 새로운 관점을 가지고 다양한 가능성을 고려하는 것이 아니라, 수동적 수용을 통해 익숙한 듯 넘어가 버리는 그런 것이다. 이런 마음 놓침의 상황이 반복되고, 이어 적응되면 무기력으로 연결된다.

이런 무기력이 반복되어 버리는 것을 심리학에서는 '학습된 무기력(Learned Helplessness)'이라는 이론으로 설명하기도 한다. 반복학습은 많은 선생님들과 부모님들이 자녀들에게 가장 보편적으로 자녀들의 학습능력을 끌어올리기 위해 사용하는 교육법 중 하나이다. 이런 반복학습의 과정으로 무기력이 학습된다고 생각한다면, 참 난감한 상황이 되는 것이다. 이렇듯 반복학습이 정서적인 부분에 있어서 꼭 좋은 것만은 아니기도 하다. 학습된 무기력은 생각보다 아주 쉽게 우리 마음속에 자리 잡을 가능성이 높다.

마음 챙김은 마음 놓침의 반대 개념으로 생각하면 쉽게 이해할 수 있다. 이런 마음 챙김의 특성에 대해서 엘런 랭어(Ellen J. Langer)는 마음 챙김의 3가지 핵심적 특징을 이야기했다.[3]

- ☑ 새로운 범주를 만든다.
- ☑ 새로운 정보에 대해 개방적이다.
- ☑ 상황을 한 가지 관점만이 아니라 다른 관점으로도 볼 수 있다.

이 3가지 핵심적 특징은 우리에게 우리가 가지고 있었던 아집, 고정관념 등에서 벗어나야 한다는 자연스러운 생각의 지도를 머릿속에 그려보게 해준다. 또한 이런 마음 챙김의 과정은 삶을 살아가며 해야 할 일과 먼저 두고 볼 일, 그리고 시간을 두어도 된다고 하며, 진로의 우선순위를 정하는 과정을 언급했던 '요목-구체화 훈련'의 과정과도 많은 부분 맞닿아 있음을 확인할 수 있다. 우리가 흔히 젊음의 특권을 이야기할 때에 '개방성'과 '유연성'에 대한 부분을 이야기한다. 무언가 새로운 것을 받아들이는 데 열린 마음을 가지고 있고, 다양한 관점과 가치를 고려할 수 있다는 것이다.

외국에서 촬영한 마음 챙김과 관련된 다큐멘터리나 영상들을 보면, 마음 챙김을 실행하는 방법을 나이가 든 사람들이 양반다리로 앉아서 뭔가 명상을 하는 것처럼 묘사한 경우들이 있다. 하지만 마음 챙김은 그런 의식이나 자세라기보다는 우리 마음속의 상태에 집중하자는 것에 가깝다. 집중하고, 나를 중심으로 펼쳐질 관계와 세상을 생각해 보는 것이다. 나라고 하는 존재는 많은 가능성을 가지고 있기 때문이다. 그리고 나에 대해서는 그 누구보다 나 자신이 가장 잘 알고 있기 때문이다. 상담이나 코칭을 할 때에 상담 또는 코칭을 받으러 온 이들에게 꼭 하는 설명이 있다.

상담사 상담(코칭)은 궁극적으로 '내가 원하는 건 뭐지?'를 찾아가고 알아가는 과정이에요. 그런데 '나'라고 하는 사람의 마음은 누가 가장 잘 알까요?

내담자 글쎄요….

상담사 아마 ○○ 씨를 낳아주신 부모님도 아니고, 가장 친한 친구도 아닐 거예요.

내담자 그럼요?

상담사 바로 ○○ 씨죠. 왜냐면, 내 마음은 내가 가장 잘 알고, 나만 마음대로 들어가 볼 수 있는 권리가 있으니까요.

내담자 ⋯.

상담사 결국 상담(코칭)에서 저 같은 상담사(코치)의 역할은 그런 ○○ 씨의 마음에서 ○○ 씨에게 주는 답을 찾아 함께 가는 그런 거라고 생각해요.

이런 과정을 조금 다르게 설명하면, 상담이나 코칭을 받는 사람에게 그동안 해보지 못했던 마음 챙김의 기회를 갖게 한다는 것을 의미한다. 이렇게 마음 챙김의 기회를 갖기 위한 이들에게 제안할 수 있는 세 단계는 이렇다.

첫 번째로 그동안 다른 사람에 의해 세워진 범주가 아니라, 내가 세우는 범주를 세워보는 것이다.

두 번째로 그 범주를 세우기 위한 다양한 정보를 자기주도적으로 찾아보는 것이다.

세 번째로 중요도를 정하고, 해결될 것의 선후관계를 정해서 전략을 세워보는 것이다.

진로에 대한 부분은 전적으로 자녀들이 주도적 위치에 있어야 한다. 물론 자녀들이 가진 기질과 성격에 따라 부모가 도와주어야 하는 부분이 있지만, 그럼에도 불구하고 불변의 내용은 자녀들이 주도권을 가져야 한다는 점이다. 가업(家業)과 같이 부모가 하던 일을 물려받아야 하는 상황에서도, 그조차도 자녀가 그 이유를 스스로 고민하고 생각한 후에 받아들이게 해야 한다. 개똥철학도 철학이라는 농담처럼, 우리 자녀들이 스스로의 개똥철학을 만들어 낼 수 있는 어른들의 기다림과 지원이 필요한 것이다.

영성

두 번째로는 영성(Spirituality)에 대한 부분이다. 과거 영성은 종교적인 영역으로만 생각하는 경우가 많았다. 하지만 최근 "난 종교적이지 않지만, 영적입니다. I'm not Religious, But I'm Spiritual."이라는 말들을 통해서도 알 수 있지만, 영성이 단순히 종교적인 영역이 아닌, 모든 사람에게 영향을 줄 수 있는 분야임을 확인할 수 있게 되었다. 영성이라는 용어가 우리에게 대중적으로 알려지게 된 계기는 아마도, 영성지능(Spiritual Intelligence)이라는 개념이 언급되기 시작하면서 본격적으로 우리 삶 속에 들어오기 시작했을 것으로 보인다.[*, 4]

---

[*] 미국 하버드대학교 교육심리학과 교수인 하워드 가드너(Howard Gardner)가 음악지능, 신체운동지능, 논리수학지능, 언어지능, 공간지능, 인간친화지능, 자기성찰기능이라는 7가지 영역으로 지능을 측정할 수 있다고 주장한 다중지능에 대해 이야기하면서 새롭게 확인된 지능으로 '영성지능'을 언급했다. 하워드 가드너는 결론적으로 영성지능에 대해서 부정적인 의견을

영성은 수많은 학자들이 각자의 관점에서 영성의 정의를 이야기하고 있다. 여러 학자의 견해를 종합해 보면 대략 '우리가 만지거나 볼 수 없는 어떤 절대적 존재와의 관계를 맺어 가는 과정'이라는 의미가 있다. 영성 역시, 관계를 바탕으로 세워진다는 점이 우리가 주의 깊게 살펴봐야 할 부분 중의 하나이다. 마음 챙기기에 영성을 소개하는 이유가 바로 여기에 있다. 영성은 나 혼자 해나가는 상담(코칭)의 과정과도 같기 때문이다.

영성의 개념은 마음 챙기기를 위한 좋은 방식이 될 수 있다. 나와 연결된 어떤 존재가 있다고 느끼는 영성은 인간이라면 누구나 느끼는 외로움, 고독함, 고립감 등의 감정을 느낄 때 부정적으로 극단적인 생각과 결론으로 가는 것을 막아주는 역할을 한다. 영성은 종교의 유무를 떠나, 관계에 있어 의존적 성향을 보인 사람이라면 안정과 편안함을 줄 수 있는 요인을 제공할 수 있는 기반이 된다. 일반적으로 기독교에서 언급하는 삼위일체와 같은 내용은 영성에서 언급하는 '우리가 만지거나 볼 수 없는 절대적 존재'의 이상적인 모델을 설명하는 좋은 예가 된다.

관계적인 관점에서의 영성은 어떤 대상과의 관계에서 느끼는 안정감을 넘어 자신을 돌아보는 거울과 같은 영향을 주기도 한

이야기했다. 그럼에도 조금 더 확장된 '실존지능'이라는 개념으로 볼 수 있는 가능성이 있다고 봤다.

다.[5] 영성에서 관계를 만들어 가는 과정은 대화를 통해 이뤄진다. 보거나 만질 수 없는 존재, 때로는 어떤 답변도 없는 존재와의 관계를 만들어가는 과정 속에서 때로는 대답 없는 존재를 향한 질문을 던진다. 이렇게 질문을 던지며, 시간을 두고 생각하면 여러 가지 생각이 들기 시작한다.

"대체 뭣 때문에 이런 거지?"
"내가 왜 이런 질문을 하지?"
"이 일이 어떻게 되면 좋을까?"
"또 다른 상황은 안 생길까?"
"만약에… 그런 일이 벌어지면, 난 어떤 마음일까?"

이런 질문들을 스스로 던지고, 때로는 그 답을 내가 찾아내게 된다. 그리고 이렇게 시간을 보내면서 자연스럽게 문제가 해결되기도 한다.

목회자인 아버지가 성도들이 큰 고민을 가지고 찾아와 이야기를 나눈 후에 기도해 주시고 마지막에 해주셨던 말씀이 생각났다.

"성도님… 기도하면서 기다려 보시죠."

왜 목사였던 아버지는 이렇게 말씀하셨을까? 상담을 공부하고 상담사가 된 지금 생각해 보니, 이런 의미가 아니었을까 생각된다.

"그 문제는 성도님의 것이지요. 기도하면서 자신을 다시 돌아보시면, 분명히 해결책이 있을 겁니다. 왜냐하면 그 문제의 해결책을 가장 잘 알고 있는 분은 성도님이시니까요. 주님은 그 해결책을 생각나도록, 그리고 그 해결책이 잘 이뤄지도록 응원해 주실 겁니다."

사람들은 영성을 위한 접근에 대해 여러 가지 방법들을 이야기한다. 종교가 있다면, 자신이 믿는 종교의 신께 기도하는 것이 대표적인 방법이다. 종교가 없다면, 명상(Meditation)을 하기도 한다. 종교와 무관하게도, 호흡법을 통해서 영성에 대한 접근을 시도해 볼 수 있기도 하다. 영성에 접근하기 위해 시도한 방법은 아니지만, 내 마음에 편안함을 느끼도록 도와줄 수 있는 방법이 한 가지 있어 소개하려고 한다.

이 방법은 버터플라이 허그(Butterfly Hug)로 우리말로는 나비포옹이라는 말 정도로 소개할 수 있을 것 같다. 버터플라이 허그는 1998년 멕시코에 불어닥친 허리케인 폴린(Pauline)의 영향으로 큰 피해를 입은 피해자들을 치료하기 위한 트라우마 치료 기법으로 사용되었던 방법이다. 방법이 아주 간단하고 쉬워서, 내가 혼자 있는 방이나 잠들기 전 잠자리에서 바로 적용해 볼 수 있는 방법이다.

① 양 손바닥을 교차해서 어깨와 가슴 사이(위 가슴)에 살포시 얹는다.

② 이때 양손의 엄지손가락을 교차시켜 나비의 더듬이와 같이 올라오게 한다.

③ 눈은 꼭 감지 않아도 되고, 자신이 지금 힘들다고 느끼는 일들을 생각한다.

④ 앞으로 좋아질 미래를 머릿속에 그려본다.

⑤ 가슴 위에 올려놓은 양쪽 손바닥을 번갈아 가며 양쪽 가슴을 한 번씩 토닥여 준다.

본 이미지는 OpenAI의 DALL·E로 생성되었습니다.

진로에 대한 고민과 걱정은 불확실한 미래에 대한 불안을 초래한다. 불확실한 미래를 향해 나간다는 것은 인간이라면 누구에게나 불안의 요소가 될 수 있다. 이런 불안의 요소는 사람에 따라 어떤 이들은 쉽게 이겨내거나 크게 느끼지 않을 수도 있지만, 어떤 사람은 견딜 수 없을 만큼 큰 고통의 정도로 느끼기도 한다. 이런 느낌에 대해서 그냥 이겨내야 한다고 이야기하는 것이 과연 응원이 될 수 있을까?

마라톤 선수가 훈련할 때, 훈련을 효과적으로 하기 위해 페이스 메이커(Pace Maker)라는 대상을 두고 훈련을 실시한다고 한다. 이 페이스 메이커는 마라톤 선수와 말로만 훈련하는 것이 아니라, 함께 달려가는 사람이다. 즉, 진로의 페이스 메이커라면, 이런 우리 자녀들의 불안을 함께 이겨낼 수 있는 여러 방법들을 함께 시도하는 그런 모습을 보여야 하겠다. 마음 챙김, 영성의 부분은 이런 시도를 함께할 수 있는 우리 어른들의 좋은 제안이 될 수 있지 않을까 생각된다.

PART

진로찾기를 위한 배려

원형 존중하기

───── 우리가 많이 알고 있는 심리학자 칼 융(Carl G. Jung) 은 집단무의식이라는 자신의 학문적 주장을 이야기하면서 원형론을 이야기하기 시작한다. 융은 자신의 이론을 본인이 경험한 것에서 확장시키는 학자였다. 원형론 역시 자신이 상담과 치료를 했던 문화적 배경이 달랐던 여러 사람들의 꿈을 관찰하면서, 서로 다른 지역에서 인종도 다르고, 다른 환경에서 자란 사람들이 공통으로 이야기하는 신화적 요소가 있다는 것을 확인하면서 이론으로 확장시켜 나가기 시작한 내용이다.[6]

융의 이런 관점은 사람은 어디에서 태어나든, 어떤 환경에서 성장하든 고유하고 독특한 심리·정서적 기반을 가지고 있다는 것을 우리에게 알려준다. 제임스 힐만(James Hillman)은 융이 이야기한 원형(Archetype)을 '도토리'라는 은유적 표현을 통해 우리 사람은 누구나 마음속에 자신만의 도토리를 가지고 있다고 이야기했다. 그리고 이 도토리는 우리 모두가 가진 고유성과 운명을 지지한다고 말한다.[7] 융과 힐만의 견해에 따르면, 부모와 교사를 비롯한 우리 자녀들까지, 우리는 모두 마음속에 각자만의 도토리(마음의 원형)를 가지고 있다. 그 원형이 무엇인지 부모와 교사뿐만 아니라, 우리 자녀들 본인도 자신의 원형이 무엇인지 정확히 알기 어렵다. 다만, 성장하며 조금씩 구체화해 나갈 수 있다는 것은 분명하다.

시점을 언제라고 명시하기는 어렵지만, 과거 한국의 기성세대는 자녀들의 장래희망을 부모가 지정해 주는 경우가 비교적 많았다. 방송 등을 통해서 간혹 보는 사람들의 생활기록부에 부모의 장래희망은 판사, 검사, 변호사 등 법조인이나 의사 같은 직업이 적혀 있는 반면, 자녀는 운동선수, 연예인과 같은 직업이 적혀 있는 동상이몽(同床異夢)의 경우들을 볼 수 있다. 모든 부모와 자녀가 그렇다고 보기는 어렵지만, 요즘 MZ세대들의 할머니, 할아버지 세대는 이런 상황을 많이 겪어보셨을 듯하다. 이런 상황은 어찌 보면 부모가 자녀의 도토리(마음의 원형)를 일방적으로 결정해 주던 사례로 이해해 볼 수 있다. 이에 비해, 최근에는 이런 부분에 대한 차이는 크게 줄어들고 있는 것 같다. 가정마다 자녀의 수가 줄어들고, 그에 따라 자녀들에 대한 관심이 높아지는 사회적 상황이 반영되는 측면에서 과거와 달리 자녀의 장래희망에 대해 부모와 자녀 사이의 간극이 현실적으로 좁혀지고 있는 것으로 볼 수 있겠다. 아마도 이런 변화가 이제는 자녀들이 가진 도토리(마음의 원형)에 대해 부모님들이 조금씩 존중해 주는 방향으로 변화하고 있다는 것으로 이해할 수 있는 대목으로 보인다.

하고 싶은 게 많은 자녀 vs 하고 싶은 게 없는 자녀

부모님들이 자녀들에 대해 이야기할 때 많이 듣는 이야기들이다.

"우리 애는 하고 싶은 게 수시로 바뀌어요. 대체 뭐에 장단을 맞춰줘야 하는 건지…."
"우리 애는 도무지 하고 싶은 게 없다네요. 맨날 게임만 하고…."

같은 부모의 입장에서, 상담사의 입장에서 하고 싶은 게 많은 자녀들은 차라리 수월하다. 하고 싶은 게 많다면, 그래도 뭐든 해볼 힘을 가진 자녀들이기 때문이다. 부모의 입장에서, 상담사의 입장에서 어려운 자녀들은 아마도 후자에 하고 싶은 게 없다고 말하는 자녀들이 아닐까?

하고 싶은 게 많은 자녀들, 하고 싶은 게 없다는 자녀들을 각자의 특성에 맞게 교사와 부모가 진로를 찾아갈 수 있는 과정들을 지지하고 함께 도와줄 필요가 있다.

먼저 하고 싶은 게 많은 자녀의 특징을 잘 파악해 줄 필요가 있다. 하고 싶은 게 많은 자녀가 집중력과 인내심이라고 볼 수 있는 끈기가 있다면, 다양하게 경험하고 스스로 선택할 수 있도록 자율성을 존중해 주어야 하겠다. 다양한 경험을 해볼 수 있는 장을 마련해 주고, 경험 속에서 자신이 가장 재미있다고 생각하는 것들의 순서를 정하게 하는 대화의 과정이 도움이 될 것으로 생각된다. 하고 싶은 게 많은 초등학생 자녀와의 대화를 예로 살펴보자.

자녀	수영도, 미술도, 피아노도, 태권도도 다 재미있어요.
부모	다 재미있다 하니 엄마도 너무 좋네! 그래도 이제 중학교에 가면 학교에 있는 시간도 길어지고, 해야 할 학교 공부도 많아지고 할 텐데….
자녀	난 다 할 수 있을 것 같은데요?!
부모	그래, ○○는 충분히 다 할 수 있을 거야. 그런데 계속

힘들게 이것저것 하면 몸 상하니까…. 엄마 생각엔 다 하더라도, 시간을 조금 조정해 보면 어떨까? 매일 가던 걸 주 3회 정도 가거나 하는 걸로….

자녀 네! 그러면 좋을 것 같아요.

부모 그럼 ○○가 하는 것 중에 제일 많이 하고 싶은 게 뭐야?

자녀 음… 난 피아노요.

부모 그럼 피아노는 계속 매일 다닐까?

자녀 네.

부모 그다음은?

자녀 수영도 좋고… 태권도도 좋은데….

부모 그래? 그래도 운동하면 조금 더 재미있는 게 있지 않을까?

자녀 음… 수영이 조금 더 재미있어요.

부모 그럼, 수영을 일주일에 3번 정도 어때? 수영장이 멀기도 하고, 공부하면서 운동을 너무 많이 하면 지칠 수도 있으니까….

자녀 네…. 그래도 수영은 재미있어서 매일 하고 싶은데….

부모 그럼, 중학교 가면서 태권도는 쉬고, 다른 운동으로 주 1~2회 정도 ××센터에서 하는 프로그램으로 해보면 어때?

자녀 네! 좋아요! 나 테니스 배워보고 싶었는데…. 그거 ××센터에서 해볼래요!

부모	그래! 그럼 피아노, 수영, 태권도가 해결됐네! 미술은 어떻게 해볼래?
자녀	미술은… 지금처럼 2번만 가볼게요. 사실… 미술 말고 다른 거 한번 배워보고 싶은 게 있었는데…. 그건 나중에 말씀드릴게요!
부모	그래. 엄마가 잊어버릴지도 모르니까 얘기해 주렴.

부모가 무조건 자녀의 스케줄을 일방적으로 조정해 주기보다는 사춘기에 접어든 자녀에게 선택의 주도권을 주며 스스로 결정하게 하는 큰 흐름이 있었다. 그 중간 자녀에게 새로운 경험을 제안하기도 하고, 자녀가 새롭게 해보고 싶던 경험에 대한 이야기도 나누는 일종의 협상과정이 중간중간 포함되어 있었다. 하고 싶은 게 많은 자녀는 이런 다양한 경험에 회피하기보다는 도전해 보려는 경향을 가진 경우가 많다. 하지만 모든 경험을 무한하게 지원할 수 없는 부모의 입장에서는 대화와 같이 중학교 입학, 고등학교 입학 같은 상급학교 진학이나, 수능과 같은 중요한 시기를 통해 이런 대화를 시도한다면 자연스러운 대화가 가능할 것이라 생각된다.

하고 싶은 게 없는 자녀의 경우는 조금 다르다. 하고 싶은 게 없는 자녀에게 자꾸 무언가를 권하는 것은 부모나 자녀 모두에게 부담감으로 바뀔 가능성이 있다. 중요한 건 교사나 부모가 하고 싶은 게 없다는 자녀가 정말 하고 싶은 게 없다고 믿어버리지 말아야 한다는 것이다. 진로를 고민하는 자녀들, 특히 청소년기 이상의 자녀들은 하고 싶은 게 없는 게 아니다. 정확히 말하면, 하고 싶은 게 무엇인지 잘 모르기 때문에 하고 싶은 게 없다고 말할 가능성이 높다는 점이다. 청소년기 자녀들을 둔 부모님들에게 자녀가 하는 말 중에 제일 듣고 싶지 않은 말을 조사하면 아마도 이 말을 가장 많이 답변하는 응답일 것으로 추측해 볼 수 있겠다.

"몰라요."

우리 자녀들에게 물었을 때 가장 많이 하는 답변이 바로 "몰라요."이다. 그런데 이 "몰라요."는 자녀들의 입장에서 가장 중립적인 대답일 수 있다. 잘 대답해서 칭찬이나 인정을 받으면 다행이지만, 그럴 가능성이 확실하지 않을 때, 어른들에게 가장 덜 혼날 수 있을 답변이 바로 "몰라요."가 될 수 있기 때문이다. '모른다고 하는데…', '몰라서 못 했다고 하는데…'. 어른들도 어쩔 수 없지 않겠냐는 그런 마음을 갖는 자녀들의 상황을 우리 어른들이 이해해 줄 필요도 있다.

그렇다고 하고 싶은 게 없다는 자녀들을 보고 손 놓고 있을 수도 없는 노릇이다. 그럼 하고 싶은 게 없다는 자녀들은 어떻게 도와줄 수 있을까? 자녀들이 선택할 수 있는 자료와 기회를 제공하는 방법이 있다. 단, 여기에서 중요한 점은 어른들이 어른 자신들의 생각을 넣어 자녀에게 강요해서는 안 된다는 것이다. 다소 조급하게 느껴지더라도, 불안하고 불편하게 느껴지더라도 자녀들이 스스로 선택하게 기다려 줘야 한다.

'그래, 네 인생인데…. 엄마, 아빠가 대신 살아주는 것도 아니고…. 네가 하고 싶은 걸 찾아야지!'

라는 마음에서 조금은 거리를 두고, 모른척하는 마음이 필요하다. 부모가 깊이 개입할수록 자녀들은 의존적 행태를 보이게 되고, 의존적 행태는 자녀들이 자신의 삶을 주도적이고, 스스로 개척해 나가는 것을 포기하게 하는 길에 가깝게 만드는 상황이 될 수 있다. 진로를 찾아가는 것에서의 핵심은 자녀가 주도권을 가져야 한다는 점을 항상 우리 어른들이 꼭 기억해야 하겠다.

하고 싶은 게 많은 자녀이든, 하고 싶은 게 없다고 말하는 자녀이든 자녀들이 가지고 있는 자기만의 도토리가 있다. 이 도토리는 자녀 본인이 가장 잘 알 수 있다. 도토리를 잘 알아낼 수 있다고 자부하는 부모의 능력이 아무리 출중하다 하더라도, 부모는 자녀들이 가지고 있는 도토리에 대해 짙은 안갯속에 무언가를 보듯 어렴풋하게만 알 수 있을 것이다. 이런 모든 경우에서도 분명히 중요한 것은 모든 인간은 자신만의 도토리를 반드시 가지고 있다는 점이다. 그리고 이 도토리가 우리 자녀들의 삶을 살게 하는 근원이 될 수 있다는 점이다. 빌 게이츠(Bill Gates), 스티브 잡스(Steve Jobs), 월트 디즈니(Walt Disney), 일론 머스크(Elon Musk)같이 우리가 모두 잘 알고 있는 세계적 기업의 창업자와 최고경영자들 역시 자신 속에 있던 도토리들에 끊임없이 질문하고, 답을 찾아가며 도토리를 키워가고, 현실 속에 나타나도록 구현시킨 인물들이다.

우리 어른들은 자녀들이 가진 이 도토리(원형)를 존중해 줘야 한다. 이 도토리에 담긴 가능성에 집중하면서 자녀들을 존중해줘야 한다. 가능성을 존중받은 경험을 해본 자녀들이 자기 도토리의 가능성에 집중하고 자신을 존중할 줄 아는 존재로 자신의 인생을 주도적으로 살아가는 주인공의 삶을 살아갈 수 있게 될 것이기 때문이다.

여러 우물 파기

성공한 사람들은 "한 우물을 잘 판 사람이다."라는 말들을 많이 들으면서 성장해 왔다. 요즘은 이 이야기를 무언가 집중해서 몰두해 보라는 것으로 받아들이곤 한다. 하지만, 대부분의 기성세대는 이 이야기를 이것저것 하는 게 아니라, 한 가지 일이나 공부를 진득하게 하라는 뜻으로 받아들인다. 이런 배경에서 한 가지만 잘하면 된다는 기성세대의 가르침은 요즘에는 그리 현실적이지 못하다는 것이 내 생각이다. 오히려 한 가지만 잘하면 된다는 것은 그 분야에 독보적인 사람이 될 때만 도움이 되는 이야기이고, 보편적이고 일반적으로는 여러 가지를 두루 잘할 줄 아는 사람이 되어야 한다고 이야기해 주고 싶다.

박사학위를 받고, 한동안 백수의 삶을 살았던 적이 있다. 그 시기에 박사학위를 받고, 박사라는 학위가 말하는 것이 무엇인지 곰곰이 생각해 봤던 적이 있다. 흔히 학계에서 박사라 함은 자신이 공부하는 분야에서 이제 누군가가 가르쳐 주지 않아도, 혼자 공부하고 때로는 혼자 공부한 내용을 누군가에게 가르쳐 줄 수 있을 만큼 공부할 줄 아는 사람이라는 것을 의미한다. 즉, 학위를 받은 분야만큼은 선생님 없이 혼자 공부하고, 연구하고, 발표하고, 가르칠 수도 있는 사람이라는 것을 그 분야 학계의 선생님들에게 인정받았다는 것이다.

이런 생각을 하고 있던 즈음, 온라인에서 기사를 한 편 봤다. 박사는 내가 생각했던 독립적으로 무언가를 탁월하게 해낼 수 있는 사람들인데, 문제는 그런 박사 절반은 갈 곳이 없는 백수라는 언론 기사를 보게 된 것이다. 내가 딱 그 상황이니 딱히 할 말은 없었지만, 그 순간 내 머릿속을 스치는 생각은

"아… 한 가지만 잘한다는 것은 이제 통하지 않는 세상이구나…!"

라는 부분이었다. 이런 내 경험을 통해 이제는 내가 잘하는 것이 무엇인지, 어떤 것인지, 그리고 그것을 얼마큼 할 수 있는지를 다양화하며, 그 능력을 늘 확인하는 세대가 되어야 한다는 점을 이야기하고 싶다.

요즘, 인생의 또 다른 우물들을 통해 제2의 인생을 사는 사람들에 대한 이야기들이 참 많다. 이런 분야들에 대해 서점가에서는 아마도 '자기계발'이라는 이름을 붙여준 것 같다. 상담사로 진로에 관해 이야기할 때에 '자기계발'에 대한 이야기를 나눌 때가 종종 있다. 이번엔 그 '자기계발'에 대한 이야기를 조금 더 나눠보길 원한다.

이제 진로는 단순히 대학을 진학하고, 직업을 선택하는 선에서의 이야기가 아니다. 진로는 평생 지속되는 이야기이고, 죽을 때까지 고민해야 하는 내용이 되었다. 신학, 그중에서도 기독교 교육이라는 분야에서 다루는 용어 중에 '전 생애 발달 과정'이라는 개념이 있다. 교회라는 곳이 어린아이부터, 백발이 성성한 할아버지, 할머니까지 모두 모인 곳이다 보니 이런 용어로 설명하지 않았을까 생각된다. 진로 역시, '전 생애 발달 과정'의 틀 속에서 생각해야 한다. 이런 이야기를 일반 교육학에서는 '평생교육'이라는 영역으로 연구하고 있다. 즉, 진로 역시 평생교육의 관점에서 바라볼 필요가 있는 것이다.

 얼마 전부터 대학생들과 진로에 대한 상담이나 코칭을 할 때에 꼭 하는 이야기가 있다.
 "인생에 우물을 파야 한다면, 몇 개쯤 파놓아야 해요."

학생들에게 단호하게 이야기한다. 그 이야기에 학생들도 대부분 거부감없이 고개를 끄덕인다. 왜 그럴까? 내 이야기가 맞다고 생각하기 때문이다. 그럼 이제 인생에서 두 개 이상의 우물을 어떻게 파야 하는가에 대한 방법을 준비해야 할 자녀들의 고민에 도움이 될만한 이야기를 시작해 보겠다.

내 영역에 대한 불확실성 인정하기

우물을 여러 개 파는 첫 번째 단계는 내 전공에 대한 불확실성을 인정하는 것이다. 나도 인문 사회계 출신의 상담사이다. 웬만큼 컴퓨터 소프트웨어들도 다룰 줄 알고, 급할 때 온라인에 올려야 하는 영상도 내가 촬영하고 편집하기도 한다. 그래서 인문계 출신치고는 비교적 미디어와 관련된 급한 업무를 하는 데 어려움이 없는 편이었다. 그런데, 이제는 내가 하는 정도의 기술은 그냥 기초 기술이 되어버렸다. 몇 년 전만 해도 내가 아는 만큼한 해도 내 전공의 영역에서 웬만큼 다 할 줄 아니 큰 걱정 없겠다고 했지만, 지금은 간신히 따라가는 정도의 수준이라 이제는 걱정해야 하는 상황이 되었다.

이뿐만 아니다. 내가 신학을 처음 공부할 때만 해도, 신학생(목사)이 되겠다고 하는 사람들은 엄청 많았다. 목회자가 되기 위해 필수적으로 가야 하는 신학대학원 입학 경쟁률이 7~8:1이 넘었고, 그런 신학대학원을 가겠다고 재수, 삼수는 기본이었다. 심지어 7~8수 이상 국가고시를 보듯 시험을 보는 장수생들도 있었다. 하지만 지금 신학은 분명히 하향기로에 있다. 신학대학원은 간신히 인원을 채우고, 학부 신학과들은 미달 사태에 직면해 있다는 언론기사를 접한 적이 있다. 사실 신학(종교) 관련 진로에 대해 과거와 달리 힘들고 어려운 부분이 부각되어 신학(종교) 관련 분야가 깊이 고민하고 지원해야 하는 분야로 인식된다는 점이 한편으로는 다행스러운 마음이 들기도 한다.

모든 영역이 그렇다고 할 수 없지만, 많은 영역에서 불확실성이 더 커지고 있다. 불확실성이 커진다는 것은 언제든 내가 몸담은 영역이 사라질 수 있다는 마음의 준비를 해야 한다는 것을 의미한다. 내 영역에 대한 불확실성을 인정하는 것, 바로 이것이 우물을 여러 개 파기 위한 첫 번째 단계이다. 우리는 확실한 것들을 찾아가려는 습성을 가지고 있다. 확실한 것은 안정적인 것을 의미하고, 안정적인 것을 추구하는 것은 우리 인간의 기본적인 속성이기 때문이다.

좋은 직장보다는 직무에 관심을 두자

흔히 좋은 직장에 취업했냐를 중요하게 생각한다. 그리고 우리가 보편적으로 직장 선택의 기준에서도 가장 먼저 고려하는 것이 보통 얼마의 보수(급여)가 보장되느냐일 것이다. 이런 기준이 물론 나쁜 것은 아니다. 고려해야 하는 중요한 요인임은 분명하다. 하지만 조금 더 미래를 생각하고, 관점을 조금 넓게 보고 좋은 직장의 선택 기준을 확대해 볼 필요가 있겠다. 이런 내용에 연결하여 살펴볼 우물을 여러 개 파는 두 번째 단계는 내가 할 일의 직무에 관심을 두어야 한다는 것이다.

상담사의 입장에서 생각하는 좋은 직장의 기준 첫 번째는 '나를 성장시켜 줄 수 있는 곳'인가에 대한 부분이다. 일이 힘들고, 급여가 다른 곳에 비해 조금 적더라도 내가 가진 '성장'에 대한 욕구가 충족되느냐에 대한 부분이다. 내가 모르는 것을 알 수 있게 해주는 경험을 할 수 있나, 내가 해보지 못한 것을 할 수 있는 기회를 부여하는가 등 젊은 시절 충분하지 못한 경험의 폭을 부담 없이 넓혀갈 수 있는 곳인지에 대한 확인이 필요하다.

두 번째 기준은 '다음 단계로의 진출을 위한 교두보'가 될 수 있는가에 대한 부분이다. 최근 확실히 두드러진 부분은 '평생직장'에 대한 개념이 사라지고 있다는 점이다. '공시생'이라고 하는 공무원 시험 준비생이나 국가고시를 준비하는 고시 준비생들이 한참 많아지다가 최근 들어 다시 주춤하고, 소위 MZ세대들이 힘들게 공무원이 된 후 조직문화에 대한 부적응 등의 문제로 사직하고 다른 곳으로 이직하는 경우가 늘어나고 있다는 것은 평생직장의 개념이 사라지는 것과 연관되고 있다는 것으로 볼 수 있다. 아마도 우리가 이전까지 생각하던 직업과 직장이 평생 이어져야 좋은 것이라 생각해 오던 사고의 수정이 필요하다는 우리 사회의 집단지성이 발휘되는 것은 아닐까 싶다. 그렇다면, 내가 선택하는 직장은 나에게 다음 단계를 준비할 수 있는 곳이어야 한다. 다음 단계를 준비하는 방법은 여러 가지가 있을 수 있다. 어떤 이는 자격증 취득으로, 어떤 이는 틈틈이 시간 내 다른 기술을 배우는 것 등으로 준비할 수 있다. 나도 박사과정 수료 후에 잠시 의과대학 교목실에서 근무했던 적이 있는데, 그 시기가 나에게는 대학이라는 곳을 경험하며 상담교수가 되겠다는 다음 단계 진출을 위한 교두보가 되는 그런 시간이었다.

세 번째 기준은 '세부 분야에 대한 경험의 중요성'이다. 같은 사무직이라도 어떤 분야의 일을 맡았느냐에 따라 그 사람의 전문성이 확장된다. 그리고 그 전문성을 기반으로 다른 직장으로의 이직도 가능하고, 다른 영역으로의 전문성 확장도 고려해 볼 수 있다. 단순히 일이 많고, 보수가 적고 등 실리적인 이유를 따지기보다는 인생에서 한두 번쯤은 나의 더 나은 발전을 위해 조금 손해가 되더라도 그 손해를 감수하며, 중요하고 전문적인 경험들을 깊이 있게 해볼 필요가 있다. 나의 경우는 석·박사과정 공부를 하며, 일을 병행하면서 학업을 진행했다. 그 과정에서 경험한 몇 가지의 일들이 후에 학위를 마치고 연구를 하거나, 다른 일들을 하는 데 도움이 되는 부분을 발견하곤 한다. 공부와 일을 병행할 때는 부족한 수면 등 어려움이 많았다. 하지만 그때, 그 일이 내가 전혀 모르던 세계를 경험하게 해줬다는 점에서 가끔은 고마운 시기였다고 생각할 때가 있다. 그리고 그 시기의 경험이 지금 대학에서 학생들을 가르칠 때 내 나름의 전문 분야로 소개하고 가르칠 수 있는 기반이 되고 있다.

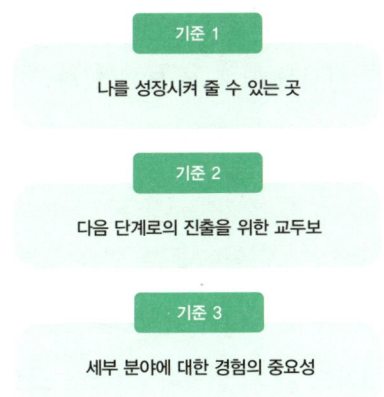

좋은 직장을 선택하는 기준

기준 1
나를 성장시켜 줄 수 있는 곳

기준 2
다음 단계로의 진출을 위한 교두보

기준 3
세부 분야에 대한 경험의 중요성

취미생활의 중요성

　우물을 여러 개 파는 세 번째 단계는 취미생활의 중요성을 고려해야 한다는 것이다. 취미생활이 중요하다는 이야기들은 이미 여러 사람들을 통해서 한 번쯤은 들어봤을 부분이다. 진로상담이나 진로코칭을 위한 심리검사에 대한 내용을 공부하면서 '취미'에 대한 중요성에 대해서 다시금 생각해 볼 수 있었다. 우리가 직업을 바꾼다면, 과연 어떤 기준에서 바꾸게 될 가능성이 높을까?

　아마도 내가 조금 해봤던 분야로 직업을 바꾸는 게 수월할 것이다. 바로 이때 내가 조금 해봤던 분야에서 가장 먼저 고려될 수 있는 부분이 취미와 연결된다. 인터넷의 여러 기사나 블로그와 같은 글들을 보면, 직업이 바뀐 사람들에 대한 이야기를 볼 때가 있다. 요즘은 건강에 대한 관심이 높은 시기이다 보니, 다른 직업을 가지고 취미로 운동을 하다가 운동 강사로 전향한 사람들에 대한 글을 심심치 않게 볼 때가 많다. 이유는 저마다 다르지만, 운동이라는 취미가 이들의 직업을 바꾸게 해준 것은 사실이다.

　이런 일들은 우리 삶에서 일어날 수 있는 부분이다. 나도 이런 생각을 하면서 '나는 무슨 취미가 있지?'라는 생각을 해봤다. 생각해 보니 별로 취미라고 할 게 없었다. 그래서 없으니 한번 만들어

봐야겠다고 생각했다. 가능하면 생산적인 취미로, 나 혼자 즐거운 취미 말고 다른 사람도 즐겁게 해줄 수 있는 취미가 좋겠다는 생각을 해봤다. 다른 사람도 즐겁게 해줄 수 있는 취미라면, 그 취미가 다른 내 직업으로 연결될 수도 있겠다는 생각이 들었다.

여러 우물에 대한 이야기는, 어쩌면 우리 자녀들을 포함한 우리 모두의 이야기일지도 모른다. 특히 우리 자녀들은, 우리 어른들과는 달리 급변하는 이 시대를 또 다른 방식으로 살아가야 한다. 우리 자녀들은 그런 시대 속에서 당황하기보다는 자신에게 맞고 필요한 우물을 미리 여러 개 파놓아 시대의 흐름에 맞춰 한 번뿐인 인생을 자기주도적이고 진취적으로 살아가길 바란다. 물론 그 과정이 결코 쉽지는 않겠지만, 그 여정 속에서 자신만의 속도로 한 걸음씩 나아가며 결국에는 행복하게 이겨내길 진심으로 응원한다.

자녀라는 배를
떠나보내기

앞 장의 내용이 우리 자녀들에 대한 내용이라면, 이번 장은 우리 어른, 부모님과 선생님들에 대한 이야기이다. 몇 년 전, 우리 사회에는 '헬리콥터 맘'이라는 단어가 알려지기 시작했다. 이 단어와 함께 등장한 단어가 하나 더 있었는데, 그 단어는 바로 '돼지엄마'라는 단어였다. 온라인 사전에서 '돼지엄마'를 검색하면 뜻이 아래처럼 나타난다.

> 교육열이 매우 높고 사교육에 대한 정보에 정통하여 다른 엄마들을 이끄는 엄마를 이르는 말. 주로 학원가에서 어미 돼지가 새끼를 데리고 다니듯이 다른 엄마들을 몰고

다닌다고 하여 이렇게 부른다.[8]

　교육열 높은 한국에서 이런 일들은 어찌 보면 당연하게 느껴지기도 한다. 나 역시 부모가 되어보니 아동기, 청소년기 시기에는 이런 부모의 적극적인 돌봄이 당연히 그럴 수 있다는 생각도 든다. 하지만 문제는 그 이후에 발생했다. 자녀들이 대학에 입학하는 순간, 이때부터 아주 모호한 시기가 시작된다. 엄연히 성인이 되어버린 자녀들에게 돼지엄마들에게 전수받은 방식의 지원과 양육은 어울리지 않는다는 생각을 부모와 자녀가 동시에 하게 되는 시점이 되기 때문이다.

　하지만 자녀는 성인이 되어도 스스로 본인이 독립적으로 결정하고 나아갈 자신감은 없다. 부모도 자녀를 혼자 무언가 결정하고 스스로 판단하여 자유롭게 내보낼 엄두를 내지 못한다. 왜 이런 일이 일어난 것일까? 이유는 아주 간단하다. 해야 할 시기에 해야 할 성장 과정의 과업을 부모와 자녀 모두, 공부(학업)라는 이유로 간과해 버리고 지나갔기 때문이다. 부모는 자녀에게 안정된 미래를 만들어 주겠다는 이유로, 자녀들은 어른들의 선택이 모두 맞을 것이라는 맹신으로 결정의 중요한 시기를 넘어가 버린 것이다.

　아동기와 청소년기를 거치면서 한 번쯤은 해봤어야 할 일들을 자신의 주도권 없이 부모의 주도권에서 결정받아 온 자녀들이 대학 또는 사회라는 큰 바다에서 당황스러움으로 멈춰 있는 것이다. 자기주도적인 부분이 성장하지 못한 채로 자기주도적인 생활을 해야 하는 대학에 들어온 자녀들은 뭘 결정하기도 어려운 불안한 마음과 혼자 하는 것이 미숙하여 반복적으로 실패하는 현실에서 엄습해 오는 무기력에 허우적대고 있다.

대학상담기관에서 상담할 때, 대학생들이 진로라는 이슈를 가지고 상담센터를 찾는 경우가 있었다. 하지만 깊이 있는 이야기들을 들어보면, 진로보다는 관계에 어려움을 호소하는 대학생들이 많았다. 그리고 더 깊이 이야기를 들어보면, 타인과의 관계만큼이나 자기 내부에 있는 자신과의 관계가 더 복잡하게 얽혀 있는 이야기들을 어렵지 않게 들을 수 있었다. 나는 이런 이유가 자기주도권과 자기결정권이 없이 장기간 입시 중심 문화를 가진 한국의 상황에서 성장할 수밖에 없는 자녀들에게 놓인 현실에서 비롯되었다고 느껴졌다.

사회라는 바다에서 자녀란?

사회는 망망대해(茫茫大海)의 바다와 같다. 생존의 현장이고, 태풍과 해일 같은 자연재해가 언제 어떻게 닥쳐올지 모르는 망망 대해가 지금 우리가 살아가는 사회와 너무도 닮아 있다. 이런 바다 같은 사회에서 우리 자녀들은 그냥 한없이 떠 있는 작은 배와 같다. 자기 내면의 힘이 있는 자녀들은 그나마 구동력 있는 엔진이나 모터가 달린 배이지만, 내면의 힘이 없는 자녀는 동력장치 없이 돛에 의지하고 노를 저어야 하는 나룻배 같은 배가 될 수 있는 것이다.

본 이미지는 OpenAI의 DALL · E로 생성되었습니다.

동력장치 없이 망망대해에 떠 있는 배들도 처음에는 있는 힘을 다해 운항한다. 하지만 해도 해도 제자리 같은 상황이 반복되면서 멀리 가기를 포기하기 시작한다. 내면의 힘이 충분하지 않은 채로 대학과 사회라는 바다에 달려든 우리 자녀들도 동력장치 없는 배와 같은 상황에 봉착하게 된다. 이때, 우리 어른들이 가장 쉽게 생각하는 것이 자녀들에게 뭔가 충고해 주면 동력장치가 없는 배와 같은 우리 자녀들이 동력장치가 설치된 배와 같은 자녀가 되어 어려움들을 쉽게 해결할 수 있을 것이라 여긴다는 점이다. 내가 어른이니까, 내가 조금 더 많은 인생을 살아봤으니 내 이야기가 당연히 도움이 될 것이라 생각하기 때문이다.

하지만 중요한 것은 어른들이 살아가던 시대와 지금 자녀들이 살아가는 시대는 그 변화의 속도가 완전히 다르다는 것이다. 자녀들이 필요해서 물어보는 경험 외에 어른들이 해봤다고 말씀하시는 경험은 온라인상에 충분히 그 자료가 넘쳐나고 있다. 그래서 자녀들은 굳이 물어볼 필요가 없다고 생각할 만한 상황이다. 냉정하게 말하면, 어른들의 충고는 우리 자녀들의 세상에서는 구석기 시대의 유물 같은 이야기가 되어 있을지도 모른다.

항구를 제공하는 방파제와 같은 어른

급속도로 변화하는 세상에 살아가는 우리 자녀들에게 필요한 어른은 어떤 존재여야 할까?

항구나 항구의 주변에 있는 방파제와 같은 역할을 하는 어른이다. 배들이 항구에 돌아오는 이유는 여러 가지가 있겠지만, 크게 2가지일 것이다. 만선(滿船)으로 고기를 잔뜩 잡아 신이 나서 돌아오는 경우와 바다에서 어려움을 만나 재정비하기 위해 돌아오는 2가지를 생각할 수 있다. 모든 배들이 항상 만선으로 돌아오기는 힘들다. 그러니 많은 배들은 후자의 경험을 많이 가지고 있을 것이다. 이런 어려움과 실패의 경험을 가진 배들이 항구로 돌아올 때는 쉬고 싶다는 마음일 것이다. 잘 쉬고 정비해야, 또 다른 만선의 희망을 품고 다시 바다로 나갈 수 있기 때문이다.

우리 어른들의 역할은 이런 재정비의 상황에 있는 배와 같은 자녀들에게 편안함을 줄 수 있는 항구나 항구를 안전하게 만들어 주는 방파제의 역할이어야 한다. 기상예보에서 태풍이나 풍랑이 불면, 인근 해역의 배들은 항구에 들어와 정박하라는 방송을 한다. 항구라고 태풍이나 풍랑의 영향이 전혀 없는 것은 아니지만, 항구 주변의 방파제가 태풍과 풍랑을 한번 막아주기 때문에 배들이 많이 망가지지 않을 수 있기 때문이다. 자녀라는 배들이 또다시 넓은 바다로 나갈 수 있도록 품어주어 도와주고, 시간을 벌어주는 역할이 어른들이 방파제로서 해야 하는 역할인 것이다. 상담학에서도 오래전, 부모의 역할에 대해서 '안아주는 환경(Holding Environment)'이 중요하다는 주장이 있었다. 그리고 이런 안아주는 환경의 경험이 한 개인이 성장하고 성인이 되어서도 영향을 준다고 보았다.[9]

다시 동력장치 없는 배와 같은 우리 자녀들에 대한 이야기로 돌아가서, 이런 자녀들에게 어른들이 해줘야 하는 것은 무엇일지 생각해 볼 필요가 있다. 어른들도 잘 모르는 어설픈 충고, 조언이 과연 이들에게 도움이 될까? 나는 냉정히 큰 도움 되지 않을 것으로 생각한다. 물론 개인에 따라 이런 따끔한 충고가 도움이 될 사람이나 상황이 있을 수 있다. 하지만 대부분 이미 정보라는 것을 알 만큼 아는 자녀들에게는 충고나 조언보다는 따뜻한 위로, 공감적 수용이 더 필요한 정서적 작용이 아닐까 생각된다.

아무것도 모른 채로 바다에 나간 자녀들에게 "나는 했던 만선을 너는 하지 못하냐?"는 말, "고기는 이렇게 잡는 거다."라는 충고가 과연 도움이 될까? 우리 자녀들이 듣고 싶은 말은 "고기 잡느라 고생했다."는 말, "생각만큼 못 잡아 속상하지?"라는 위로와 수용적인 말들이 더 힘이 될 것 같다는 생각이 들었다. 자녀들은 이미 어른들보다 더 좋은 인생의 낚시 장비와 그물들을 가지고 있다. 못 잡는 것이 아니라, 잡을 게 없는 바다가 되어버렸을 수도 있기 때문에 인생의 만선과 같은 성취감을 맛보지 못한 것일 수 있다. 이에 비하면 어른들은 요즘 우리 자녀들에 비해 인생의 낚시 기술이 부족했어도, 좋지 않은 인생의 낚시 장비로도 쉽게 고기를 잡을 수 있었던 풍요로운 시대를 살았다고 볼 수 있다. 첨단장비와 기술 없이, 그리고 때로는 큰 노력 없이도 원하고 필요하던 것을 마음만 먹으면 해낼 수 있었던 시대를 살았던 이들이 바로 우리 어른들, 기성세대였다는 점을 생각하며, 자녀들에게 시대와 어울리지 않은 충고나 조언이 아닌 마음만 먹으면 해볼 수 있는 것들이 많을 시대를 남겨주지 못한 미안한 마음을 가지고 위로와 수용의 말들을 건네야 하는 시점이 바로 지금이 아닐지 생각해 본다.

> "정말 현명한 부모는 자녀에게 고기를 잡아주지 않는다.
> 다만 고기 잡는 법을 잘 알려줄 뿐이다."

이 평범한 이야기가 오늘 우리 어른들에게 다시 중요하게 들리는 시점이 되었다. 여기에 어른들이 알려줄 수 있는 것도 아주 한정적일 수 있다는 점을 우리 어른들이 자녀들에게 무언가를 알려주기 전에 꼭 기억해야겠다.

PART
5

성격유형 검사를 통한 자녀의 진로 함께 고민하기

성격유형 검사는 자녀의 진로를 함께 고민하기 위한 중요한 기초자료가 될 수 있다. 실제로 부모와 교사 세대가 경험해 봤고, 우리 자녀들에게도 요즘 다시 주목받고 있는 MBTI라는 성격유형 검사를 바탕으로 우리 자녀들의 진로를 함께 고민해 보는 방법을 연습하는 내용을 다뤄보고자 한다.

　보통 MBTI 검사의 4가지 문자 조합이 만들어 내는 16가지 성격유형만을 가지고 이야기하는 경우가 많다. 하지만 이번에는 MBTI 16가지 성격유형에 숨은 부분들을 통해서 조금 더 세밀하게 16가지 성격유형의 특징을 살펴보고, 조금 더 정밀하게 우리 자녀들의 성격유형 특성을 확인하는 내용을 함께 나눠보고자 한다.

MBTI 성격유형에 대한
소개

MBTI에 대한 기본 이해와 16가지 성격유형

MBTI 검사는 그 이름에 심리검사에 대한 역사와 방향이 담겨 있다. MBTI의 정식 명칭은 'Myers-Briggs Type Indicator'이다. 앞에 Myers-Briggs는 MBTI 검사를 개발한 두 모녀 마이어스(Isabel Briggs Myers)와 브릭스(Katharine Cook Briggs)의 이름에서 가져왔고, Type은 이 두 모녀에게 성격유형이라는 기반을 제공했던 C. G. Jung의 심리유형론에서 가져왔다고 볼 수 있다. 마지막 Indicator는 단어의 뜻 그대로 지표, 지수 등 우리 인간의 성격유형을 측정하는 심리검사라는 역사와 정체성을 담고 있다.

심리학적으로는 C. G. Jung의 심리유형론을 기반으로 했다는 것이 이 심리검사가 어떤 이론적 기반에서 어떤 관점으로 개발되었는지를 설명한다.

이 외에 MBTI 검사의 특징은 자기보고식 검사라는 점이다. 자기보고식 검사는 다른 사람이 나에 대해 평가하듯 검사하는 것이 아니라, 내가 직접 내 상태를 생각하고 주어진 질문에 답변하는 것을 말한다. 즉, 자기주도적으로 실시하는 자기보고식 심리검사라는 것은 내 의지에 따라 결과가 달라질 수 있다는 의미를 내포하고 있는 것으로 볼 수 있다. 이 부분은 MBTI 검사를 할 때마다 검사 결과가 달리 나올 수 있다는 점에 대한 답변이 될 수 있다. MBTI 검사 자격 획득을 위한 교육을 받을 때 7~8회 정도 MBTI 검사를 해봤던 기억이 있다. 이때, 어떤 사람들은 검사 결과가 똑같이 일정한 사람도 있지만, 검사할 때마다 검사의 결과가 다르게 나왔던 사람이 있었던 기억이 있다.*

검사의 결과가 다르게 나오는 이유는 몇 가지가 있다. 검사 당일 상당히 분주한 상황에서 MBTI 검사를 했을 수도 있다. 또 심리검사를 실시할 당시 상급학교를 진학했다거나, 직장을 이직했

---

* 보통 MBTI 검사는 고1 이상의 청소년과 성인들에게 적합하다. 초3~중3까지의 어린이와 청소년들을 위한 CATi라는 검사가 있으며, 이는 기존 MBTI의 문항들을 초3~중3의 어린이와 청소년들이 이해하기 쉬운 수준의 질문들로 개발된 검사이다. 검사의 결과는 MBTI와 동일하게 16가지 성격유형으로 도출된다.

다거나 등 갑자기 주변 환경에 변화가 있는 일이 발생했을 수도 있다. 결혼 등 주변인들이 갑자기 바뀌는 영향이 있었을 수도 있다. MBTI 검사는 이런 영향들을 조금씩 받을 수 있는 특징을 가지고 있다. 이 외에도 내가 되고 싶은 모습들을 떠올리며 답을 골랐을 수도 있다. 검사 결과가 매번 달라진다는 것은 나쁜 것이 아니라, 이런 부분들을 전반적으로 고려해 볼 때 검사를 할 때의 상황과 환경이 반영되어 있다고 이해하는 편이 좋을 듯하다.

MBTI 검사가 추구하는 방향성 중에 중요한 부분이 하나 있다. MBTI 검사는 한 사람의 특징을 찾는다기보다는 한 개인의 익숙함, 능숙도, 편안함 등을 확인할 수 있는 특징을 가졌다는 점이다. 이는 장단점을 찾기 위한 검사가 아니라, '나는 이런 것들이 편안하고 익숙하다.'는 것을 확인하는 검사라는 점에서 현재 나의 상태를 확인하는 결과로 참고할 때 도움이 될 수 있다는 점이다. MBTI 검사가 진로와 관련된 상담과 코칭에 많이 활용되는 이유가 아마도 이런 특징들과 무관하지 않다고 생각된다.

MBTI 검사는 16가지의 성격유형을 구분한다. 하지만 사람의 성격유형이 16가지에 딱 들어맞을 수는 없다. 이 16가지의 성격유형은 내 성격특성을 조금 빠르고 쉽게 알아가는 참고서와 같은 역할을 해줄 수 있다. 8가지 알파벳 문자로 구성된 16가지 성격유형은 다음과 같다.

강점 중심 해석과 적용

MBTI는 강점을 부각해 주는 성향을 가진 성격유형 검사이다. 강점의 또 다른 말은 장점, 성장점 등 미래지향적 관점의 단어들과 함께 쓰일 수 있다. MBTI의 해석은 미래지향적 관점을 중심으로 진행되고 적용된다는 것이다. 일반적으로 심리검사를 한다고 하면, 우리가 보편적으로 갖는 생각은 나의 문제는 무엇이고, 그 문제를 어떻게 해결할 수 있는가에 집중한다. 그도 그럴 것이, 검사라는 단어 자체가 과거의 행적을 돌아보는 성향을 보였기 때문에 우리에게 그런 생각을 갖게 한다는 점을 부정하기는 어려울 것 같다.

우리의 이런 보편적인 문화 때문인지 모르지만, MBTI를 실시하고 해석하다 보면 가장 많이 듣는 질문은 이런 질문들이다.

"그럼 그 반대는 단점이라는 거네요?"
"제가 그런 성향이 있는 게… 큰 문제가 될까요?"
"저는 별로 안 좋은 것 같은데… 고치려면 어떡하면 좋을까요?"

이런 질문을 받을 때, MBTI 해석을 하다가 잠시 해주는 이야기가 있다.

한 남자가 있었습니다. 그 사람이 가진 MBTI 유형은 ESFJ 유형이었습니다. 유형의 특징대로 비교적 자기주도적이고, 일 처리도 말끔하고, 다른 사람들과 잘 어울리기도 하는 편이었습니다. 자신에게 주어진 일들을 잘 마무리하는 편이어서 성취감도 많이 경험했고, 관계지향적인 성향이라 존재로서의 인정에 좋아하는 그런 사람이었습니다. 이 남자가 어느덧 결혼할 시기가 되었고 한 여자를 만났습니다. 참 맞는 것이 많은 사람이라는 생각을 했고, 둘은 1년쯤 연애를 하고 결혼했습니다. 연애 기간 여러 가지 경험도 많이 했고, 서로 좋아하는 것들과 싫어하는 것들의 공통점도 많다는 점을 확인하기도 했습니다. 남자는 결혼 후에 여자와 지내다가 자기 아내의 MBTI 유형을 보고 깜짝 놀랐습니다. 유형이 INTP였거든요. 뭐 하나 같은 게 전혀 없는 그런 사람이었던 거죠.

이 이야기는 사실 다른 사람이 아닌 우리 부부의 이야기이다. 사람들은 MBTI 성격유형에서 자신의 유형과 반대유형에 대한 정서적 부러움을 가지고 있다. 내가 갖지 못한 것에 대한 동경과도 같은 것이다. 친한 친구 사이도 성격이 전혀 다른데, 이상하게 잘 지내는 친구들이 있는 것을 볼 수 있다. 이도 내가 없는 것에 대한 동경에서 관계가 진전되어 비롯된 결과가 아닐까?

이런 이야기가 필요한 이유는 내 성격유형의 단점에 집중하기보다는, 내 성격유형의 장점에 더 집중할 필요가 있다는 점을 더 이야기하기 위함이다. 내가 가진 단점에 집중하느라 잘 몰랐던 내 성격의 장점이 누군가의 단점을 채워주어 우리가 생각하지 못했던 사람 사이의 관계로 이어질 수 있기 때문이다. 그런 관계가 친구, 연인, 부부 등 다양하게 형성될 수 있다는 점에서 우리 삶을 더 풍요롭게 해줄 것이라는 기대를 하게 해준다. 이런 부분은 우리 자녀들의 MBTI 성격유형에서도 동일하게 생각해 봐야 한다. 부모의 입장에서 우리 자녀가 외향적이었으면 좋겠지만, 내 자녀가 내향적일 수도 있다. 그렇다면, 자녀의 내향적인 부분이 부모의 외향적인 부분을 통해 장점이 될 방법이 무엇인지를 고려해 줄 필요가 있다. 그리고 그 장점이 우리 자녀가 진로를 선택해 나가는 중요한 정서적 기반이 될 수 있도록 해주는 노력이 필요하다.

익숙하고 편안한 것은 바뀐다

먼저 이야기한 내용 중에 MBTI 성격유형이 매번 바뀌는 사람도 있다는 이야기를 언급했다. 이 부분을 이해하기 위해서는 16개의 성격유형으로 조합되는 8가지의 알파벳에 대한 이야기를 조금 더 해봐야 할 필요가 있다. MBTI는 4가지의 선호 경향을 기반으로 구성된다. 4가지의 선호 경향은 4가지의 구분을 각각 2가지의 대표 알파벳으로 나타내며, 구분은 다음과 같다.

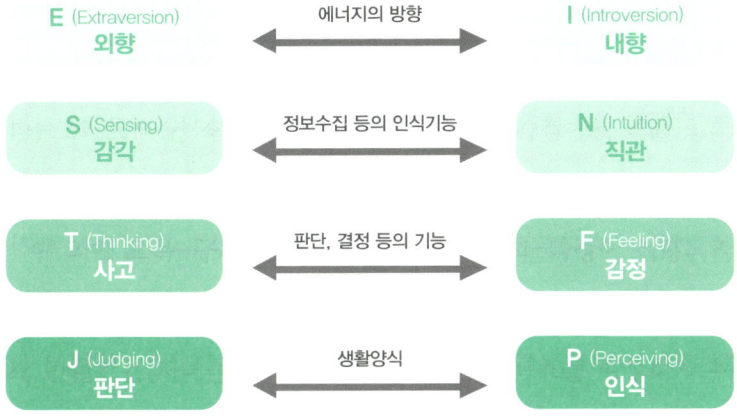

각 선호 경향은 서로 극점을 이루고 있다. 다른 극점의 경향성을 문자로 표현했고, 대표 알파벳으로 표시한다. MBTI는 각 선호 경향이 중간의 기준에서 양쪽으로 치우쳐 나간다고 보는데, 성격유형이 바뀐다는 것은 어쩌면 선호 경향이 양극의 끝 쪽에 있다기보다는 가운데 자리 잡고 있어서 상황이나 환경에 영향으로 바뀌는 것이라고 볼 수 있다. 사람의 성격이 쉽게 바뀔 수 있냐고 이야기하는 경우가 있다. 성격은 쉽게 변할 수도 있다. 하지만 기질은 잘 변하지 않는다. 즉, 우리가 "사람 쉽게 안 변해!"라고 말할 때, 변하지 않는다는 것은 성격이기보다는 기질에 가까운 부분을 이야기한 것으로 생각할 수 있다.

"친구 따라 강남 간다."는 말은 MBTI에서 충분히 가능성이 있는 이야기이다. 나와 가장 가까운 사람의 영향력에 대한 부분으로 이해할 때, 이런 말들이 MBTI 검사를 통해서는 충분히 실현 가능한 이야기로 설명될 수 있다. 이런 관점에서 우리가 영향력을 끼치는 가까운 사람으로 많이 언급하는 부모의 영향에 따라 가업을 잘 이어가는 일본의 모습 또한 이와 같은 관점으로 이해할 수 있는 부분이 된다. MBTI가 우리 인간의 성격유형에서 편안함, 익숙함 등을 알려주기 위한 목적을 가졌다고 본다면, 우리가 익숙하고 편안하게 느끼는 부분들도 주위 환경과 영향에 따라 바뀔 수 있다고 볼 수 있음도 설명해 주고 있는 것이다.

이 부분은 우리에게 우리 자녀들에 대한 진로상담이나 코칭에서 자녀들을 충분히 변화 가능성이 있는 존재로 이해할 수 있게 해주는 전제가 된다. 성격유형이 환경과 상황에 의해 변화된다면, 그 변화된 성격유형에 따라 발달할 수 있는 장점도 달라지거나 확장되는 것으로 이해할 수 있다. 그리고 그런 변화에 가장 큰 영향을 줄 수 있는 존재, 대상은 바로 우리 어른들인 부모, 교사들이 될 수 있다.

MBTI는 성격유형에 대한 결과를 우리에게 보여준다. 일반적으로 우리는 표면적으로 보여주는 그 결과에 집중한다. 하지만,

진로상담과 코칭의 관점에서는 MBTI를 통해 확인할 수 있는 가능성들을 발굴해 낼 수 있어야 한다. 어떤 강점을 가지고 있고, 그 강점을 더 개발하기 위해 어떻게 노력할 수 있으며, 개발된 강점이 어떻게 활용될 수 있는가에 대해 자녀들이 스스로 생각하고 고민해 볼 수 있는 안내가 필요하다.

"내 유형이 이렇다는데, 보니까 직업도 이런 거, 전공도 이런 거 하면 된다더라고…."

사실 이런 검사는 기성세대가 말하는 적성검사, 요즘 자녀들 사이에서는 직업흥미검사로도 충분히 확인할 수 있는 정보이다. MBTI는 단순히 먹고사는 것만을 위한 진로상담과 코칭이 아니라, 인생을 조금 더 행복하게 살 수 있는 진로상담과 코칭을 위한 자료로 활용할 때, 더 큰 가치를 발휘할 수 있는 심리검사로 활용될 수 있을 것이다. 또한 인생의 여러 우물을 만들어 가야 할 우리 자녀들에게 근거 있는 자신감의 자료로도 활용될 수 있을 것이다.

MBTI 성격유형별 진로상담과
코칭으로의 적용

MBTI에 대한 다양한 활용 방법과 내용들은 이미 여러 경로들을 통해 우리에게 알려져 있다. MBTI 검사와 관련해 우리가 많이 가진 경험은 대부분 집단 프로그램에서 검사를 수행해 본 경험들이 많고, 검사결과에 대해 나에 맞춰 상세하게 설명해 준 해석을 들은 경험을 가진 사람들은 많지 않다는 것이다. 내가 상담기관에 재직하던 때에 내담자에게 MBTI 검사를 실시하면, MBTI 검사실시 외에 검사해석으로 상담의 1회기(40~50분) 정도의 시간을 할애하여 충분히 설명했었다. 이렇게 설명하고 나서 MBTI 검사해석을 들은 사람들에게 듣는 이야기도 이렇게 자세한 설명을 들어본 적은 없었다는 경험에 대한 이야기가 다수였다.

사실 MBTI 검사는 무거운 성향의 심리검사는 아니다. 왜냐하면 진단적인 요소가 없는 심리검사이기에 가벼운 분위기에서 실시될 수 있는 검사이기 때문이다. 진단적 요소가 없다는 것은 불안, 우울 등 어떤 정서적 어려움이 표현된 기분 상태를 확인하는 요소가 없다는 것을 의미한다. 그렇다 보니 대학상담기관 같은 곳에서는 MBTI보다는 MMPI-2*와 같은 진단적 요소를 비교적 명확히 확인할 수 있는 심리검사를 실시하는 경우가 많다. 상담을 받으러 온 내담자의 상황에 따라 진단적 요소를 확인해야 할 경우가 있는데, 아마도 근래에 대학상담기관을 찾는 내담자들이 호소하는 문제 속에 우울이나 불안과 같은 내용이 증가하고 있기 때문에 MMPI-2와 같은 진단적 요소가 있는 심리검사를 주로 실시하는 것으로 생각된다.

진로상담이나 코칭에서는 MBTI와 Holland** 검사나 STRONG*** 검사 같은 검사들을 함께 연결하여 활용하면 진로에

---

* MMPI-2(Minnesota Multiphasic Personality Inventory-2)는 개인의 성격 특성과 정신 건강 상태를 평가하는 다면적 인성검사로 567개의 문항으로 구성되어 약 1시간 30분가량의 검사 시간이 필요한 심리검사이다. 다양한 임상 척도와 타당도 척도를 활용해 우울, 불안, 반사회적 경향 등 여러 심리적 특성을 객관적으로 측정하여, 진단과 평가에 활용되어, 상담현장에서 보편적으로 많이 활용하는 심리검사의 한 종류이다.
** Holland 검사는 개인의 직업적 성향과 적성을 평가하는 검사로, 존 홀랜드(John Holland)의 직업적 성격유형 이론을 기반으로 하여, 현실형(R), 탐구형(I), 예술형(A), 사회형(S), 진취형(E), 관습형(C)의 6가지 유형(RIASEC)으로 나누어 개인의 직업 선호도를 분석하는 심리검사이다.
*** STRONG 직업흥미검사는 개인의 흥미와 성향을 분석하여 적합한 직업과 진로 방향을 제안하는 검사임. 홀랜드의 6가지 직업 유형(RIASEC) 이론을 기반으로 하며, 진로상담, 직업 선택,

대한 고민을 가진 이들에게 좋은 기반 자료를 제공할 수 있다. Holland 검사의 경우 고용노동부 고용24 홈페이지에서도 실시가 가능하다. 이런 심리검사들의 결과를 바탕으로 더 구체적이고 입체적인 진로상담과 코칭이 이뤄진다면, 훨씬 효과적으로 자녀들이 진로구체화의 과정을 시도할 수 있을 것으로 기대된다. 혹시라도 진로에 대한 상담이나 코칭을 받을 기회가 된다면, 이런 검사들을 복합적으로 경험해 보길 권유드린다.

다시 본론으로 돌아와 이번에는 내가 MBTI 검사해석을 할 때, 중요하게 설명하는 부분을 중심으로 성격유형에 대해 접근해 보려고 한다. 나의 4가지 알파벳으로 구성된 성격유형에 숨은 이야기를 알아간다고 생각하면 유익한 부분이 되지 않을까 생각된다. 앞서 MBTI에 대한 일반적인 내용을 설명한 이유는 바로 이 부분의 이해를 돕기 위한 부분이었다. 기본적인 내용을 바탕으로 이번에는 각 성격유형이 가진 기능적 측면에 대한 부분을 살펴보도록 하겠다.

경력 개발을 위한 도구로 활용되며, 개인의 흥미와 직업 만족도 간의 연관성을 탐색하는 심리검사이다.

각 성격유형이 가진 기능

MBTI 16가지의 성격유형은 유형마다 각기 가진 기능이 있다. 여기에서의 기능은 성격유형에서 조금 더 잘 발휘되는 선호 경향을 의미한다. 이 선호 경향이 어떻게 발휘되느냐에 따라 기능의 명칭이 부여된다.

MBTI 성격유형 기능[10]

기능 구분	의미
주기능	가장 의식적이고 가장 분화된, 그리고 가장 주도하는 심리기능. 개인의 생활을 주도하고 통합하는 역할을 한다.
부기능	심리기능 중, 2번째 해당되는 심리기능이나 과정. (a) 인식과 판단 그리고 (b) 외향과 내향 사이의 균형을 제공한다.
3차기능	심리유형의 역동에 있어서 부기능의 반대 기능을 말한다. 예를 들어, 만약 부기능이 사고기능이면 3차기능은 감정기능이다. 이론적인 차원에서 3차기능은 의식으로의 접근이 부기능보다 못하지만, 무의식에 있는 열등기능보다는 용이하다.
열등기능	주기능의 반대기능으로서, '4번째 기능' 또는 '가장 덜 선호되는 기능'이다. 열등기능은 가장 무의식적이며 가장 덜 분화되었지만, 성장만큼이나 잠재적인 가능성을 지니고 있다.

MBTI에서 말하는 성격유형의 기능에 대한 내용이다. 16가지의 성격유형은 각각 주기능, 부기능, 3차기능, 열등기능의 특징을 가지고 있다. 이 기능의 특징은 성격유형의 발현과 연결되며, 이렇게 발현된다는 것은 앞서 계속 이야기하는 익숙함이나 편안함, 능숙함으로 표현할 수 있는 것이다. 쉽게 설명하면, 주기능과 부기능은 잘 발달해 있는 기능으로, 3차기능과 열등기능은 조금 덜 발달해 있는 기능이라 이해하면 쉽게 이해할 수 있다. 이런 설명에서 우리는 쉽게 '그럼 3차기능과 열등기능은 나쁜 거네?'라고 이해하기 쉽다. 하지만 중요하게 생각해야 하는 것은 3차기능과 열등기능이 결코 나쁜 것이 아니라, 우리가 조금 불편하게 느낀다고 이해하면 적당할 것이다.

여기에서 불편하다고 느낀다는 것을 다르게 표현하면 이 기능들을 사용하기 위해서는 우리가 의식하고 사용하는 기능들이라고 말할 수 있을 듯하다. 다시 말해, 이 기능을 쓰기 위해서는 우리가 어떤 운동을 처음 배울 때, 좋은 선생님들에게 자세나 방법을 배우고 안되는 것들을 몸에 익숙해지도록 억지로 연습하는 것처럼 노력해서 이런 기능들을 사용한다는 것이다. 즉, 전혀 쓸 수 없는 것을 가지고 있는 것이 아니라, 사용하려면 우리가 조금 애쓰고 노력해야 하는 기능들이라는 것이다. 반대로 익숙한 기능들은 우리가 노력하지 않아도 쉽게 해내기 때문에 불편하다는 생각 없이 편안하고 능숙하게 자연스레 해내는 기능들이라 생각하면 '주기능-부기능'과 '3차기능-열등기능'의 차이를 조금 쉽게 이해할 수 있겠다.

16가지 성격유형이 가진 주기능, 부기능, 3차기능, 열등기능

우리가 일반적으로 MBTI 검사의 결과를 받고 보이는 반응들은 3차기능과 열등기능을 어떻게 바꿔볼 것인가에 초점을 맞춘다는 점이다. 이는 익숙하지 않은 기능을 어떻게 쓸 것이냐에 대한 고민을 한다는 것으로 볼 수 있다. 물론 그 고민이 나쁜 것은 아니다. 하지만 경제적으로 생각해 볼 때, 익숙하지 않은 기능을 쓰기 위해 노력하는 것보다는, 익숙한 기능을 탁월하게 사용하도록 촉진하는 것이 훨씬 효과적일 것 같다는 견해를 가지고 있다. 시간이 지나면서, 익숙하지 않은 기능을 잘 사용할 수 있는 나만의 방법들이 생겨날 수도 있기 때문이다.

그럼 과연 내 성격유형에서는 어떤 기능이 주기능과 부기능, 3차기능과 열등기능일까?

성격유형	주기능	부기능	3차기능	열등기능
ISTJ	Si	Te	F	Ne
ISTP	Ti	Se	N	Fe
ESTP	Se	Ti	F	Ni
ESTJ	Te	Si	N	Fi
ISFJ	Si	Fe	T	Ne
ISFP	Fi	Se	N	Te
ESFP	Se	Fi	T	Ni
ESFJ	Fe	Si	N	Ti
INFJ	Ni	Fe	T	Se
INFP	Fi	Ne	S	Te
ENFP	Ne	Fi	T	Si
ENFJ	Fe	Ni	S	Ti
INTJ	Ni	Te	F	Se
INTP	Ti	Ne	S	Fe
ENTP	Ne	Ti	F	Si
ENTJ	Te	Ni	S	Fi

마치 원소주기율표 같은 이 표는 MBTI 16가지 성격유형이 가진 주기능, 부기능, 3차기능, 열등기능을 정리해 놓은 내용이다. 이 표를 보는 방법을 순서대로 정리하면 아래와 같다.

❶ 내 성격유형을 찾기
❷ 성격유형의 각 기능의 대문자 보기
❸ 대문자 옆에 붙은 소문자 e, i 확인하고 표시하기

성격유형 기능찾기 연습

몇 가지 성격유형을 예로 삼고 위의 순서를 적용하고 연습해 보도록 하겠다. 우선 나의 성격유형인 ESFJ 유형을 중심으로 찾아보자.

❶ 성격유형: ESFJ
❷ 성격유형의 각 기능 대문자 보기

성격유형	주기능	부기능	3차기능	열등기능
ESFJ	F	S	N	T

❸ 대문자 옆에 붙은 소문자 e, i 확인하고 표시하기

성격유형	주기능	부기능	3차기능	열등기능
ESFJ	Fe	Si	N	Ti

ESFJ 유형의 주기능은 Fe이다. F는 4가지의 선호 경향에서 어떤 상황의 판단이나 결정 등의 기능에서 '감정'을 통한 판단이나 결정에 익숙함을 의미한다. Fe는 '감정을 외향적으로 사용하는 것에 익숙하다.'는 것이다. 즉, 자신의 마음을 밖으로 쉽게 표현한다는 것을 의미한다. 기쁨과 슬픔, 좋고 싫음 등과 같은 감정표현을 밖으로 잘 나타낼 수 있음을 말한다. 감정을 다른 사람에게 잘 표현한다는 것은 반대로 다른 사람들의 감정도 잘 알아채는 힘을 가졌다는 것으로 확대해 볼 수 있다.

부기능은 Si이다. S는 4가지 선호 경향 중, 정보수집 등의 인식 기능에서 '감각'이다. 어떤 새로운 장소나, 물건 등의 정보를 모으는 분야인 정보수집 등의 인식에서 주로 '감각'을 사용한다는 것이다. 감각을 사용한다는 것은 보고, 듣고, 만져보는 등 자신의 오감을 통해 직접 경험한 정보를 선호한다는 것을 말한다. Si는 이렇게 자신의 오감을 통해 직접 경험하고 얻은 정보를 밖으로 이야기하고 전달하기보다는, 자신의 내부에 잘 저장해 두는 것이 익숙하고 편안하다는 것을 의미한다.

부기능과 반대기능인 3차기능은 감각인 S와 반대인 직관 N이 된다. 마지막으로 주기능과 반대기능을 하는 열등기능은 Ti이다. ESFJ 유형에서 열등기능인 Ti는 상황의 판단이나 결정 등의 기능에서 '사고'를 통한 판단이나 결정을 선호하지 않는다는 것을 의미한다. '사고'를 통한 판단이나 결정이란, 논리적 선후관계 등을 고려하여 이성적으로 판단하는 경향을 의미한다. Ti는 상황이나 판단에 있어 자신이 내부적으로 혼자 논리적 선후관계와 개연성 등을 고려하여 판단하는 것을 선호하지 않는다는 것을 말한다. 이는 반대로 어떤 판단과 결정에 있어 다른 사람들의 의견이나 생각을 많이 물으려 하는 행동적 특성을 보일 수 있다는 점을 유추해 볼 수 있다.

다음은 과거 우리나라에서 가장 많았다고 알려지는 ISTJ 유형을 적용하고 연습해 보도록 하겠다. 방법은 앞서 ESFJ 유형과 같다.

❶ 성격유형: ISTJ
❷ 성격유형의 각 기능 대문자 보기

성격유형	주기능	부기능	3차기능	열등기능
ISTJ	S	T	F	N

❸ 대문자 옆에 붙은 소문자 e, i 확인하고 표시하기

성격유형	주기능	부기능	3차기능	열등기능
ISTJ	Si	Te	F	Ne

ISTJ의 주기능은 Si이다. S는 4가지의 선호 경향에서 정보수집 등의 인식기능을 기준으로 하는 부분에서의 '감각'이다. ESFJ 유형의 부기능과 마찬가지로 새로운 정보에 대해 자신이 직접 경험하여 얻은 정보를 선호하고, 그 정보를 밖으로 알리거나 전하기보다는 자신 안에 잘 정리해 두는 것이 익숙한 성격유형이다.

부기능은 Te이다. ISTJ 유형에서 열등기능인 Te는 상황의 판단이나 결정을 할 때에 논리적 선후관계 등을 고려하여 이성적으로 판단하는 경향이다. Te는 이런 논리적이고 이성적인 '사고'의 내용을 다른 사람들에게 명확하게 이야기하는 것을 선호한다는 점이다. ISTJ 유형은 조용하고, 많은 말을 하지 않지만, 자신이 해야 할 말을 분명하고 명확하게 하는 힘을 가지고 있다.

부기능과 반대기능인 3차기능은 사고인 T와 반대인 감정 F가 된다. 마지막으로 주기능과 반대기능을 하는 열등기능은 Ne이다. N은 직관으로 우리가 현실에서 생각하기 어려운 부분들과 같이 조금 추상적이지만 창의적인 부분을 선호하는 선호 경향을 의미한다. Ne가 열등기능이라는 것은 우리 생활에 실현되지는 않았지만, 가능성이 있는 내용이나 상상력이 발휘되어야 하는 내용들을 다른 사람들과 나누고 이야기하는 것과 같은 작업을 선호하지 않을 수 있다는 것을 말한다. Ne에 있어 생각을 자유롭게 이야기하는 브레인 스토밍(Brain Storming)과 같은 작업이 길어지면 '현실감 없는 이야기, 뜬구름 잡는 이야기'들을 계속한다고 생각하며, 이런 이야기들은 집중하기 어렵다고 느낄 수 있을 것이라는 유추를 해볼 수 있다.

주기능, 부기능의 발달촉진

16가지 성격유형 중, 성격유형의 기능에 대한 부분을 통한 진로상담이나 코칭은 주기능과 부기능을 더 탁월하게 활용할 수 있는 부분들을 중심으로 진행될 때 효과적이다. 가장 능숙하고 편안하게 사용할 수 있는 자기 성격유형의 선호 경향들을 기반으로 학습과 다양한 활동들이 연계된다면 진로 촉진과 구체화 작업에 큰 도움이 될 것이다. 같이 살펴볼 MBTI의 주기능은 크게 8가지로 정리된다.*

---

* 8가지의 주기능은 Fe(외향적 감정형), Fi(내향적 감정형), Ne(외향적 직관형), Ni(내향적 직관형), Se(외향적 감각형), Si(내향적 감각형), Te(외향적 사고형), Ti(내향적 사고형)으로 구분된다.

F 주기능, Fe/Fi

　가장 먼저 Fe를 주기능으로 하는 성격유형은 자신의 감정을 타인에게 이야기하는 것에 익숙한 성격유형이다. 또한 이런 유형은 다른 사람의 감정도 잘 이해하는 것이 익숙하다. 따라서 Fe를 주기능으로 가지고 있는 성격유형은 사람들을 대면하는 역할 등을 맡길 때에 익숙하고 능숙하게 자신의 성격유형을 발휘하여 일들을 해낼 수 있을 것이다. 반대로 Fi는 감정을 자신 안에 풍부하게 가지고 있는 것에 익숙한 성격유형이다. 따라서 Fi를 주기능으로 가지고 있는 성격유형은 사람들 사이에서 일어나는 여러 정서적인 일들을 이해하고 적용하는 일들을 맡길 때에 익숙하고 능숙한 힘을 발휘할 것으로 보인다.

　F를 주기능으로 가지고 있는 성격유형의 자녀들은 정서적인 부분이 충족될 때 자신이 생각하고 목표하는 일들을 잘 해낼 수 있는 정서적 기반을 만들어 낼 가능성이 높다. 어떤 일을 해낼 때, 가장 중요하게 생각하는 이슈가 '내 마음이 동(動)했느냐?'가 중요한 부분인 것이다. 마음을 움직일 수 있는 이유와 명분, 상황을 준다면 자신에게 필요한 일들을 스스로 해낼 수 있는 것이다. 그리고 중간중간 그 마음이 계속하고 싶은 상태가 될 수 있는 동기부여가 주어진다면 효과적일 수 있다. 운동을 너무 싫어

하던 자녀와 엄마의 대화를 예로 F를 주기능으로 사용하는 자녀와의 대화를 예로 살펴보자.

엄마　너 요즘 농구가 재미있는 것 같더라?
자녀　네! 요즘같이 농구 재미있게 하는 친구들이 생겨서 같이 어울려서 하니까 재미있더라고요.
엄마　그래서 그런가? 요즘 더 건강해 보여. 살쪘다고 그랬던 것 같은데…. 요즘은 살도 빠져 보이던데?!
자녀　그래요?
엄마　어! 진짜 그렇더라니까? 친구들하고 주기적으로 시간을 정해서 농구해 보면 어때?
자녀　그러고 싶은데…. 정기적으로 우리만 농구할 수 있는 장소가 마땅하지 않아서요….
엄마　그래? 그럼, 엄마가 한번 알아봐 줄게. 지난번 ○○ 센터 실내 농구장을 예약하면 무료로 대관해 준다고 하던데…. 그거 알아봐 줄게!
자녀　감사합니다!

운동을 싫어하는 자녀에게 싫어하는 운동(농구)을 열심히 하는 것에 대한 동기부여가 될만한 대화의 시도를 통해 자녀와의 대화를 효과적으로 전개한 내용이다.

N 주기능, Ne/Ni

Ne를 주기능으로 하는 성격유형은 자신의 무한한 아이디어를 다른 사람들과 나누는 것을 선호한다. 그래서 Ne를 주기능으로 하는 사람들과 함께하면 지루하다고 생각하기가 쉽지 않을 수 있다. 끊임없이 재미있는 이야기, 상상력이 풍부한 이야기들을 해낼 수 있기 때문이다. Ne를 주기능으로 가지고 있는 성격유형은 반복적이고 꾸준해야 하는 일보다는 프로젝트를 중심으로 진행되는 일들에서 힘을 발휘할 기회가 많이 생길 수 있음을 기대해 볼 수 있다. 반대로 Ni는 이런 아이디어를 자신 안에 담아두는 것을 선호한다. Ni를 주기능으로 가지고 있는 성격유형은 자기 생각을 글이나 그림 등 어떤 표현 수단을 통해 정리해 볼 수 있도록 배려한다면 좋은 능력을 발휘할 수 있을 것이다.

N을 주기능으로 가지고 있는 성격유형의 자녀들은 자신이 가진 창조적인 아이디어를 발현해 낼 수 있는 기회나 환경을 준다면 탁월함을 발휘할 가능성이 높다. 공부를 할 때도 자기만의 방법으로 공부할 수 있는 방식의 장(場)을 만들어 준다면, 그 속에서 자신만의 방식을 충분히 만들어 몰두할 힘을 발휘할 것이다.

어른들은 N을 주기능으로 가진 자녀들을 보며, 지루함을 느끼는 시점에 새로운 프로젝트나 이벤트를 만들어 주어 관심의 지속성을 유지할 수 있도록 도와줄 수 있다. 그림을 좋아하는 자녀와 아빠의 대화를 예로 N을 주기능으로 사용하는 자녀와의 대화를 예로 살펴보자.

자녀   어제 미술학원에서 그리던 그림을 다 그렸는데…. 어떤 걸 그리면 좋을지 모르겠어요.

아빠   그래? 어떤 거 그렸었어?

자녀   선생님이 주신 사진을 보면서 비슷하게 풍경화를 그려 봤어요.

아빠   그래? 그럼, 이번엔 조금 다른 그림을 도전해 보면 어때?

자녀   어떤 거요?

아빠   아빠는 잘 모르지만…. 사진을 보고 풍경화를 그렸으면, 이번엔 네 머릿속에 있는 어떤 좋은 장면을 떠올려서 그려보면 어때?

자녀   음…. 아! 그거! 지난번에 우리 불꽃놀이하는 거 본 적 있잖아요! 그거!

아빠   그래! 그거 좋겠네!

자녀	내일 그리던 그림 마무리하고, 선생님께 그런 그림 그려보고 싶다고 말씀드려야겠어요.

비교적 폭넓은 관심사를 가진 자녀를 이해하고, 그 관심사를 구체화할 수 있는 방식으로 전개한 대화의 모습이다.

S 주기능, Se/Si

Se를 주기능으로 하는 성격유형은 자신이 직접 경험하며 해내는 것에서 큰 만족감을 느끼고 그런 부분들을 선호한다. Se를 주기능으로 하는 사람들은 경험해 보는 것에 큰 의의를 두는 경향이 있다. 모든 사람이 그런 것은 아니지만 내가 직접 해봤다는 것에 의미를 두고, 몸으로 익히는 것들을 잘 기억하는 경향도 있다. Se를 주기능으로 하는 성격유형의 사람들은 실제 우리 눈에 보이는 일들이 이뤄지는 일들을 할 때, 능력을 잘 발휘할 것이다. 어떤 물건들이 완성되거나, 어떤 일이 우리 눈에 보이는 결과물로 드러나는 일들을 선호한다. 반대로 Si는 이런 경험을 다른 사람들과 나누기보다는 자신 내부에 보물창고처럼 잘 모아둔다. 이런 경험의 힘은 어떤 프로젝트나 일에서 일들 진행되는 상황에 보이지 않게 자신이 가진 정보를 공유하여 안정감을 주는 자양분과 같은 역할을 하게 해준다.

　S를 주기능으로 가지고 있는 성격유형의 자녀들은 경험의 기회를 자주 마련해 주는 것이 필요하다. 여기에서 경험은 직접적인 부분과 간접적인 부분이 모두 포함된다. 몸으로 체험하고 경험하는 직접적인 부분은 여행, 활동 참여 등의 부분이 있고, 책, 영상, 강연 등 어떤 매체나 사람을 통한 간접적인 경험도 많은 도움이 된다. S를 주기능으로 하는 자녀들은 어른들이 경험할 수 있는 삶의 측면들을 마련해 주는 것이 필요하다. 직간접적인 경험의 장을 계속 소개해 주는 것으로 자녀들이 가진 관심을 증대시켜 줄 수 있을 것이다. 바이올린을 배우는 자녀와 부모의 이야기를 예로 살펴보자.

엄마　요즘 바이올린 어떠니? 재미있니??

자녀　네. 조금 어려운 부분이 있긴 해서…. 가끔 연습하기 싫을 때가 있긴 한데…. 그래도 재미있어요.

엄마　그래? 연습하기 싫을 때는 다른 걸 한번 해봐야지! 그래서 엄마가 준비한 게 있단다.

자녀　뭔데요?

엄마　너 왜 지난번에 TV에서 저 바이올리니스트 실제로 보면 좋겠다고 한 적 있지?

자녀　네.

엄마　엄마가 이번에 어렵게 그 바이올리니스트 공연 티켓을 구했지!

자녀　정말요?

엄마　그럼. 며칠 뒤에 가야 하니, 기대하렴!

자녀　감사합니다.

관념적 경험이 아니라, 실재적 경험을 제안하는 대화를 통해 자녀의 자발적 참여와 주도성을 높여주는 시도의 대화이다.

T 주기능, Te/Ti

Te를 주기능으로 하는 성격유형은 자신이 생각한 것들을 현실 속에 구현해 내거나 표현하는 것에 큰 만족감을 느끼며 그런 부분들을 선호한다. Te를 주기능으로 하는 성격유형의 사람들은 논리적으로 생각하는 것에 편안함을 느끼고, 그런 자기 생각을 다른 사람들에게도 논리적이고 체계적으로 잘 표현하고 설명해 내는 데 익숙하다. Te를 주기능으로 하는 사람들은 자기 생각이 자신의 외부, 즉 현실에서 표현되고 실현되는 것에 큰 의의를 두는 경향이 있다. 반대로 Ti는 이런 생각을 자신의 내부에서 정리하고 체계화하는 것에 편안함을 느낀다. 이런 자기 생각을 바탕으로 어떤 일을 처리해야 할 때에 상당히 꼼꼼한 상관성을 바탕으로 일을 처리하는 경향을 보일 때가 있다.

T를 주기능으로 가지고 있는 성격유형의 자녀들은 자기 생각을 논리적 순서에 따라 정리하고 체계화하는 부분을 훈련해 주는 것이 필요하다. 어떤 일이나 상황에서 동기부여보다는 해야한다는 당위성을 설명할 때 자신이 해야 하는 것에 명확한 확신을 갖는 경향을 보인다는 점에서 F 주기능을 가진 이들과 차이를 보인다. T를 주기능으로 하는 자녀들은 인과관계에 따라 설명할 때 이해가 빠르게 이뤄지는 모습을 보인다. 자신이 하고 싶은 것을 바로 하겠다고 떼쓰는 자녀와 부모의 대화를 예로 살펴보자.

자녀	아빠! 저는 이 블록을 이렇게 조립하고 싶은데…. 이게 왜 안 되는 걸까요?
아빠	어떻게 만든 건가, 한번 볼까?
자녀	아니, 그림에 보면 이 지붕을 이렇게 만들어서 올렸거든요. 똑같이 만들어서 저도 올렸는데…. 자꾸 무너져요.
아빠	허허! 짜증이 났겠구나!
자녀	네. 엄청 짜증 나더라고요.
아빠	짜증은 났겠지만, 지금 이 지붕의 무게를 충분히 받칠

	만한 기둥이 없어 보이는데?
자녀	그림에는 그냥 이렇게만 되어 있는데요?
아빠	어디 그림을 한번 보자.
자녀	여기요.
아빠	그럼, 그렇지! 자 봐봐! 이 벽면 뒤에 그림은 없지?
자녀	네.
아빠	이 부분을 한번 생각해 봐야 해. 그림에는 없지만, 이 벽면 뒤에도 이런 벽면이나 벽면의 역할을 하는 기둥이 숨어 있지 않을까?
자녀	음… 그렇겠네요!
아빠	그래! 그럼, 이 그림을 조금 입체적인 부분에서 머릿속으로 생각해 보고… 지붕을 어떻게 올리면 좋을지 다시 시도해 볼까?
자녀	네!

 부모가 자녀에게 자신의 상황을 체계적으로 생각해 볼 수 있도록 제안하여, 자녀에게 막혀 있던 부분의 돌파구를 찾게 도와준 부모의 대화가 자녀의 성취경험으로 연결된 시도를 적용한 대화이다.

주기능과 부기능에 따른 내용을 정리했다. 이전까지 MBTI는 16가지 성격유형을 가지고 '너는 이런 사람이다.'라는 형태의 결과를 확인한 것으로 활용해 왔다. 이런 활용은 MBTI 성격유형에 대한 충분한 해석과 설명이 없는 상태로 정보만 제공되어, MBTI 검사의 취지를 충분히 활용하지 못한 것이라고 볼 수 있다. 주기능, 부기능을 활용한 적용은 MBTI를 보다 구체적으로 활용할 수 있는 방법의 하나이다. 또한 장기적인 관점에서 접근하는 진로상담과 코칭에 있어 중요한 기반 자료가 되도록 활용하는 하나의 방법이 될 수 있다.

행복이라는
공동목표

───── "우리가 진로에 대한 이야기를 이렇게 긴 이야기들로 하는 이유는 무엇일까?"

"자녀들의 진로가 왜 어른들이 이렇게 신경 쓰고 함께 고민해야 하는 문제일까?"

이런 질문들에 대한 궁극적인 답은 '행복'하기 위해서이다.

"그렇다면 이 행복은 누구의 행복일까?"

자녀들과 어른들 모두의 행복이다. 진로에 대한 문제를 고민하는 이유는 결국 최종적으로는 우리가 모두 행복해지기 위함이다. 진로에 대한 문제가 과거와 같이 어떤 직업을 갖거나 안정된 평생직장을 갖는 것으로 끝나는 시대가 아닌 평생에 걸친 문제로 변경된 상황에서 우리 인생의 행복과 더욱 직결되게 된 상황임은 틀림이 없다. 진로문제의 고민에 있어서 이런 사회문화적 상황이 확장되다 보니, 자연스럽게 부모나 교사인 어른들이 자녀들의 진로문제에 더 깊이 관여하게 되었다. 깊숙한 관여가 너무 과도해지다 보니 아무래도 부모나 교사가 인생을 오래, 그리고 먼저 살아본 선배로서 더 나은 판단을 할 수 있다는 생각에서 자녀들이 가지고 있던 진로 선택의 주도권을 빼앗아 버린 단계에까지 이르게 된 것이다.

이런 과정이 진로 선택에 효과적인 부분도 있었다. 집중도와 효율성 면에서는 분명히 효과가 있었을 수 있다. 하지만 이런 어른들의 개입이 장기적으로는 자녀들이 스스로 만들어 가는 인생의 행복을 빼앗은 결과를 낳게 되었다. 그리고 우리 자녀들을 진로결정에 있어서 수동적인 존재로 전락시켜 버리게 된 것이다. 이제는 수동적 존재가 된 자녀들을 다시 능동적 존재로 수정해 줄 시간이 되었다. 자녀들이 능동적 존재가 되었을 때 비로소 자기 삶에서 행복도 스스로 느끼고 평가할 수 있게 될 것이다.

행복은 다른 말로 '삶의 만족도'라고 볼 수 있다. 진로와 가장 관련이 많은 직업만족도는 행복과 높은 상관관계를 보인다. 이 외에도 직업만족도와 상관관계를 보인 정서(심리)적 요인으로는 낙관성, 자존감, 외향성, 통제감, 긍정적 인간관계, 인생의 목적 의식 등이 꼽힌다. 이처럼 진로 및 직업과 관련한 행복을 위한 정서(심리)적 요인들은 대부분 타인에 의해 형성될 수 있는 것이 아니다. 자기 자신이 스스로 만들어 가고, 구축해야 하는 요인들에 가까운 것이다.[11]

우리 자녀들이 진로문제에 있어 능동적 존재로, 주도적으로 자신의 진로를 구체화해야 하는 이유가 바로 여기에 있는 것이다. 대학기관에서 대학생들을 대상으로 진로상담을 하면서, 가장 많이 공감되었던 정서는 '당혹감'이었다. 그리고 이 당혹감은 중고등학교 시절 학업성적이 좋았다는 학생일수록, 그래서 소위 좋은 대학에 들어간 자녀들일수록 더 크고 강하게 느껴질 수도 있을 것이라 상담을 하며 추측해 볼 수 있었다. 그렇게 느껴진 이유는 아주 간단하다. 당혹감이 강하게 공감되는 자녀, 즉 학업성적이 높았던 자녀들일수록 부모, 교사와 같은 어른들에 순응적이고 순종적이었기 때문이다.

물론 그렇다고 반항적인 자녀들이 진로문제에 있어서 훨씬 독립적이고, 자기주도적인 것은 아니다. 개인차는 분명히 존재하기 때문이다. 하지만 한국의 입시 위주의 교육문화 속에서 분명히 잘 적응한 자녀들일수록 자신이 자신의 인생을 스스로 결정해야 하는 순간에 망설임이 많은 것이 사실이다. 그전까지는 부모님이나 선생님이 잘 결정해 줬었지만, 그 중요한 대리자(Agent)가 사라진 그 상황이 너무도 당황스럽기 때문이다.

　우리 어른들이 이제 해야 할 일은 자녀라는 배를 바다에 떠나보내야 하는 작업이다. 두 번 다시 못 볼 곳으로 보내는 것이 아니다. 언제든 필요하면 다시 돌아올 수 있도록 우리 어른들은 지금 자리에 머물러 주면 된다. 물론 자녀들만 세상이라는 망망대해(茫茫大海)로 보내는 것이 매우 불안하게 느껴질 수도 있다. 하지만 어른이 된 우리도 결국은 그런 과정에서 스스로 우리의 삶을 개척했다는 것을 다시 기억해야 하겠다.
　부모의 도움을 절대 주지 말자거나, 자녀들과 매몰차게 선을 긋고 나누라는 것은 아니다. 이전처럼 부모의 생각이나 고민을 자녀들과 이야기해도 좋다. 다만, 최종적인 결정은 자녀들에게 지독하리만큼 미뤄주자는 것이다. 자녀가 살아가야 하는 인생에 최종 선택은 자녀가 할 수 있도록 한 번만 기회를 주면 된다. 그 선택에 응원하며 보내고, 혹시라도 실패해서 돌아온다면 그때 다시 품어주면 된다. 품어주고 다시 회복해서 나갈 때에 또 최종 선택은 자녀들이 하게 해주면 된다.

상담사로 상담기관에서 상담서비스를 제공하면서 확실히 갖게 된 생각은 '우리 인생에서 모든 것이 완벽하게 채워지는 것은 없다.'이다. 상담사인 나조차도 정서적 결점은 분명히 있었다. 상담사가 아니라도 사람이라면 누구나 결점 또는 약점을 가진다. 즉 완벽하지 않은 존재라는 것이다. 완벽하지 않음은 당연하다. 여기에서 중요한 것은 완벽하지 않음을 비난해서는 안 된다는 것이다. 우리 인생은 완벽하지 못해서 불행한 것이 아니기 때문이다.

> 마무리

함께 호흡하고, 달려가는
페이스 메이커 *Pace Maker*

───── 대학상담기관에서 대학생들과 만나 진로에 대한 이야기를 나누면서, 진로를 만들어 가는 자녀들이 가진 가능성을 확인할 수 있었다. 문제는 그들이 가진 가능성에 비해 극도로 떨어져 있는 자존감과 자신감에 대한 부분이었다. 자존감과 자신감이 떨어진 결정적인 이유는 우리 어른들이었다. 자녀들의 삶이지만, 대학에 입학하는 과정까지 자녀들이 주도적으로 진로구체화의 역할을 했다기보다는 부모에 의해 결정된 짜여진 진로의 길을 묵묵히 걷기만 하던 것이 문제였다.

이런 상황을 보면서 MZ세대와 잘파 세대(Zalpha, Z+Alpha Generation), 알파 세대(Alpha Generation)라 불리는 그 이후 세대들에게도 적합한 진로구체화는 어떻게 되어야 할지에 대해 고민하게 되었다. 이미 진로구체화에 대한 방법들은 진로상담과 코칭의 분야에서 충분히 연구되었고, 실제화된 부분들이 많았다. 이런 부분들을 또 다른 진로상담과 코칭을 위해 새롭게 제시하고, 만들어 내기보다는 내가 대학상담기관에서 수년간 대학생들과 함께해 본 방법을 소개하는 것으로 제안하고 싶었다. 그리고 어른들이 자녀들과 어렵지 않게 직접 해볼 수 있는 방법으로 진로상담과 코칭을 소개하고 싶었다.

앞서 소개한 '요목-구체화 훈련'과 기술훈련, 동기강화상담, 마음 챙김 등은 주도권을 가진 자녀들이 자신의 진로를 설계하고 구체화하기를 반복할 수 있는 부분을 도와주기 위한 상담학적 배경을 소개한 내용이다. 핵심은 '요목-구체화 훈련'이고, 기술훈련, 동기강화상담, 마음 챙김은 '요목-구체화 훈련'을 자녀들과 지속적으로 하기 위한 보조 훈련 방법에 가깝다. 앞으로의 세상은 진로결정을 위해 청소년 또는 청년기에 시도하고 연습해 본 진로구체화의 방법을 평생의 인생 여정에서 지속적으로 해나가며 살아야 하는 상황이다.

가심비(價心比)는 '가격 대비 심리적 만족도'를 의미하는 말이다. 한동안 우리 사회에서 가성비(가격과 성능 대비 만족도)라는 말을 사용했지만, 이제는 단순한 가격과 성능이라는 일반적인 평가기준을 넘어 '얼마나 내 마음에 진정성 있게 다가왔는가.'라는 감성적 만족감이나 '삶을 얼마나 의미 있게 만들어 주는가.'라는 심리적 가치까지 고려해야 할 수 있어야 한다는 필요성이 반영되어 파생된 용어이다.[12]

　진로상담도 단순히 진로만 결정하는 것에 초점을 맞춘 직업 선택을 위한 진로결정이 아니라, 인생의 전반적인 과정을 고려한 생애설계의 관점에서 접근이 필요하다는 점에서 진로찾기의 과정이 기왕이면 우리들의 가심비가 채워지는 과정이면 좋겠다는 생각을 해봤다. 여기에서의 가심비는 진로라는 주제에 우리 자녀들이 삶의 중요한 시간을 쓰며 고민한 만큼, 충분히 많은 것들을 고려하면 좋겠다는 기대를 어른으로서, 이 분야의 종사자로서의 바람을 담아 사용한 단어이기도 하다. 진로라는 주제가 이제는 단순히 인생에서 한순간만 결정하면 되는 그런 일이 아니라, 전 생애의 관점에서 접근해야 하는 문제이기 때문이다.

　평생직장의 개념이 사라지고, 고유한 영역이라 여겼던 것에서의 경계가 옅어지면서 융합적 관점이 다양한 분야에서 주목받고 있다. 이런 상황은 우리 어른들과 자녀들이 살아가야 하는 삶의 상황이고, 이 상황은 단순히 1~2년 사이에 변화되거나 수정될 문제가 아니다. 최소 수십 년 동안 사회문화적 트렌드로 지속될 내용이고, 우리 세대와 우리 자녀 세대가 살아가야 하는 사회의 배경이 된다. 부모의 역할은 이런 사회문화적 트렌드를 읽고, 그 트렌드에 맞게 자녀들이 살아갈 힘을 길러주는 것이다.

기존의 방식처럼 자녀들의 모든 삶을 부모가 기획하고 관리하는 것이 아니라, 자녀들이 주도권을 가지고 중요한 결정을 스스로 할 수 있도록 해주는 선구안(選球眼)을 길러주어야 한다. 사회의 변화 속도는 점점 빨라지고 있다. 30년이 한 세대라고 보던 기존 우리의 생각은 무너졌다. 예전에는 10년은 되어야 세대 차이를 논했지만, 이제는 3년이면 세대 차이가 난다는 것을 피부로 느낄 수 있다.

이런 모든 이야기를 담아 정리하면, 페이스 메이커로 어른들이 함께 뛰며 자녀들의 가심비를 채워갈 진로상담과 코칭의 핵심은 2가지로 요약된다.

- ☑ 주도권은 자녀에게 있다.
- ☑ 끊임없이 반복하여 지속성을 갖게 한다.

이 2가지는 우리 어른들이 꼭 기억했으면 좋겠다. 자녀의 인생은 어른인 우리가 사는 인생이 아니라, 자녀들이 살아가는 인생이다. 이 내용을 머릿속으로만 이해하는 것이 아니라, 이제는 자녀들에게 삶으로 보여줘야 하는 시간이 우리 앞에 놓여 있다. 이제 진로의 주도권, 삶의 주도권을 다시 우리 자녀들에게 돌려줘야 하는 어른들의 결단이 필요한 시간이 된 것이다.

"사랑하고, 응원한다. 찬란히 빛날 너희들의 앞날을!"

미주

1. Spiegler, M. D. & Guevremont, D. C.(2011). 최신행동치료(제5판)(강영심, 황순영 공역). 서울: 센게이지러닝코리아. (원저는 2010년 출판)

2. Miller, W. R. & Rollnick, S.(2015). 동기강화상담: 변화 함께하기(신성만, 권정옥, 이상훈 공역). 서울: 시그마프레스. (원저는 2013년 출판)

3. Langer, E. J.(2015). 마음 챙김(이양원 역). 서울: 더퀘스트. (원저는 2014년 출판)

4. Gardner, H.(2007) 다중지능(문용린 역). 서울: 웅진지식하우스. (원저는 2006년 출판)

5. Sperry, Len & Shafranske, Edward P.(2008). 영성지향 심리치료(최영민, 조아라, 김민숙 공역). 서울: 하나의학사. (원저는 2005년 출판)

6. 이부영(2011). 분석심리학(제3판), 서울: 일조각.

7. Hillman, James(2013). 나는 무엇을 원하는가(주민아 역). 서울: 나무와 철학. (원저는 1996년 출판)

8. 다음 국어 한국어사전, 2021년 10월 5일 검색, https://dic.daum.net/index.do?dic=kor에서 검색.

9. St. Clair, M. & Wigren, J.(2009). 대상관계이론과 자기심리학(제4판)(안석모 역). 서울: 센게이지러닝코리아. (원저는 2004년 출판)

10. Myers, I. B., McCaulley, M. H., Quenk, N. L. & Hammer, A. L. (2013). MBTI® Form M 매뉴얼(김정택, 심혜숙 편역). 서울: 어세스타.

11. 권석만(2008). 긍정심리학, 서울: 학지사.

12. 네이버 시사상식사전, 2021년 12월 20일 검색, https://terms.naver.com/entry.naver?docId=4394968&cid=43667&categoryId=43667에서 검색.

초판 1쇄 발행 2025. 6. 30.

지은이 이신형
펴낸이 김병호
펴낸곳 주식회사 바른북스

편집진행 김재영
교정 박하연
디자인 김민지

등록 2019년 4월 3일 제2019-000040호
주소 서울시 성동구 연무장5길 9-16, 301호 (성수동2가, 블루스톤타워)
대표전화 070-7857-9719 | **경영지원** 02-3409-9719 | **팩스** 070-7610-9820

•바른북스는 여러분의 다양한 아이디어와 원고 투고를 설레는 마음으로 기다리고 있습니다.

이메일 barunbooks21@naver.com | **원고투고** barunbooks21@naver.com
홈페이지 www.barunbooks.com | **공식 블로그** blog.naver.com/barunbooks7
공식 포스트 post.naver.com/barunbooks7 | **페이스북** facebook.com/barunbooks7

ⓒ 이신형, 2025
ISBN 979-11-7263-456-8 03370

•파본이나 잘못된 책은 구입하신 곳에서 교환해드립니다.
•이 책은 저작권법에 따라 보호를 받는 저작물이므로 무단전재 및 복제를 금지하며,
이 책 내용의 전부 및 일부를 이용하려면 반드시 저작권자와 도서출판 바른북스의 서면동의를 받아야 합니다.